プレイガイドジャーナルよ
1971〜1985

村元 武

東方出版

カバー絵　森英二郎
ブックデザイン　日下潤一＋赤波江春奈

目次

第2章 盛夏の清水町

1976年7月〜1980年2月　編集長・山口由美子……87

第3章 塩町の秋

第4章 塩町・厳冬
１９８3年1月〜１９８５年9月　編集長・村上知彦〜小堀純

1971年7月創刊号（絵＝淀川さんぽ）

1972年6月号（構成＝日下潤一）

1973年2月号（絵＝森英二郎）

1973年3月号（絵＝藤井正成）

序章

創刊からの2年間

1971年7月〜1973年6月

編集長＝村元武

本書の記述は「プレイガイドジャーナル」１９７3年7月号、創刊以来2年が経過し、林信夫新編集長が誕生した号から始めるが、71年からの2年間を簡単に振り返って序章とした。

僕は69年から携わっていた「フォークリポート」の編集を71年に辞めてから、友人たちとでイベント情報を中心にした新しい雑誌の可能性を探っていた。まもなく発刊を決め、「プレイガイドジャーナル」と名づけて、71年5月、大阪市南区谷町6丁目で物置を整備した木造3階にねぐらのような事務所を構えた。

創刊時のスタッフは、当初提案者としての金一浩司《かねいち》と村元武を核として、二人の出身である元大阪労音事務局のメンバー、演劇センター68／70（黒テント）『翼を燃やす天使たちの舞踏』関西公演実行委員会のメンバー、天王寺野音で春一番コンサートを開催した喫茶ディランに集まるメンバー、そしてそれらの周辺の協力者だった。

71年7月、創刊号は無事に完成した。僕は編集発行を兼ね、ほとんど素人集団の編集部を率いて船出した。淀川さんぽの表紙絵は海に突っこむ飛行機に乗ってＳＯＳを発する操縦士で、まさにそのものだった。しかし何とか3号雑誌の壁を突破した。

編集制作面では、イベント情報の収集と記事作成、写植を外注した上で版下作成と校正まで、人海戦術でぎりぎり穴をあけずに定期刊行ができた。毎号の特集やコラムなどは経験を積みながらレベルはアップしていた、ということにしておこう。販売面ではかなりな部分は直販店や手売りにかかっていた。

発行部数は少しずつ増やしていたが、目に見える収入増にはつながっていなかった。しかし、雑誌売上げと広告収入で印刷代・原稿料・事務所代などを賄えるまでにはきていた。
１００%専従だった僕の生活面での苦戦は続いていたし、それ以上に全スタッフの人件費というと、まったく及ばなかった。

雑誌刊行の収支改善のため、またスタッフの収入を確保するために力を注いできた関連事業、つまりはアルバイトなのだが、様々な試行錯誤を重ねながら、しだいに舞台監督、舞台照明オペレーター、ラジオ番組協力、マスコミ紙誌への情報提供、編集請け負いなど事業部門が形づくられてきた。

また全員が取り組む演劇や音楽公演のプロモートは我々の定番だったし、そのつど新しいスタッフが増えていった。演劇センター68／70大阪公演は何度か取り組んだし、「フォークリポート」時代の友人がタイムリーなコンサート企画をまわしてくれて主催もした。

最初の半年あまりは苦戦したし、主として資金面ではかなり行き詰まったが、大勢の若い連中が集まった楽天性と、新しいスタッフ加入によるパワーアップ、赤字の続く雑誌では食わないという姿勢が効力を発揮したのだろう、年の明けた１９７２年になって編集・デザイン面でもいい雑誌が作れるようになった。

４月、事務所は北区野崎町の新聞社が並ぶ一画、４階建ての野崎町ビルの最上階に移った。これには新しく加わった松田一二に負うところが大きかった。

エリアマップや主催イベントに関連した企画を組みながら、73年2月号に打ち出した地図と組み合わせた喫茶店や名画館紹介の特集が好評で、半年以上続けることになった。そして、これらの情報を中心にして新たな取材を加え、単行本『大阪青春街図』を編集した。これは大阪の出版社六月社書房から73年5月に出版した。

誌面では、新機軸の「同時代芸人」シリーズを72年12月号から半年間続けて、73年5月にはそれをイベント「同時代芸人フェスティバル」(生野区・源ヶ橋演芸場)として実現した。

73年6月、北浜の三越劇場と提携して、渋谷ジァンジァン企画のイベントを毎月公演することを決めた。また単行本「青春街図」シリーズの企画編集なども継続できそうだった。これらは「プレイガイドジャーナル」編集の片手間ではとうてい取り組めない事業でもあった。

僕は編集長を次にバトンタッチして、事業部門の実行と開発をやろうと決めた。「プレイガイドジャーナル」は薄っぺらなミニコミだったが、集まっている担い手の層は厚かった。編集長といえども容易に代わりうる態勢ができていたのだ。

次の編集長は、「同時代芸人」シリーズをやった林信夫に託そうと思った。またそれが僕自身の生活を建て直す道でもあった。僕はもう30歳になっていた。

編集長交代後の73年9月に、松田一二の提唱で株式会社クリエイト大阪を立ち上げ、プレイガイドジャーナルとその多様な事業も合理的な会計に移行した。

さて、「プレイガイドジャーナル」と関連事業、僕らの組織はこのあとどのような航海を続けていくのだろうか。その起承転結と、関わった多数の人びとを可能な限り記録しよう。多くの70年代同時代史が書かれた中で、その一端になればと願いながら。

1974年5月号（絵=山口由美子）

1975年1月号（絵=大村泰久）

1975年4月号（絵=高橋秀夫）

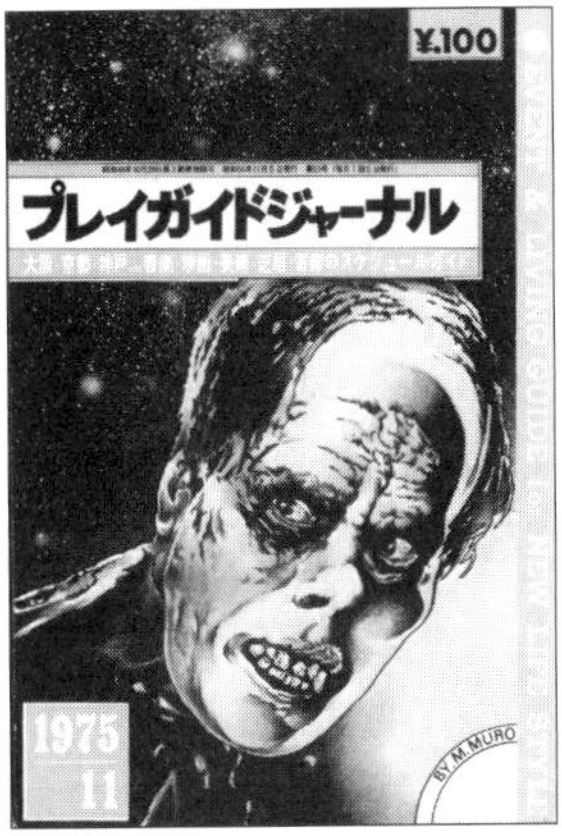

1975年11月号（絵=室生ムロウ）

第1章 野崎町の春

1973年7月~1976年6月

編集長=林信夫

情報と読み物とに広がり。「ぷがじゃマガジン」刊行（74年11月）

1973年7月号から「プレイガイドジャーナル」新編集長に林信夫が就いた。彼は72年2月号から編集部に加わって1年半、予想しなかった演劇・演芸の担当を割りふられて、毎月取材を続けながら独自の人びととのつながりを広げていた。村元から編集長をバトンタッチされて、雑誌の方向をどのように展開していったのだろうか。また全スタッフをどのようにリードしたのだろう。

72年12月号から半年間「同時代芸人」シリーズを連載し、その登場者を中心に「同時代芸人フェスティバル」を源ヶ橋演芸場で開催した。そのことで、新しい雑誌の活動方向を打ち出したし、この分野の表現者との強い関係ができ手応えを得たようだ。

また、林信夫を応援する「笑芸作家」香川登枝緒（当時は香川登志緒）の連載「仏心鬼語」も始まっていた。いわば笑芸界ご意見番の登場だ。

〔近ごろ、わたしが腹が立つのは若い芸人の不勉強である。特に漫才師にいちじるしい〕という口上がはじまりだった。

読者と直接会話する形の読者ページ「リーダーズタウン」も林信夫の企画だった。深夜放送ラジオのパーソナリティとリスナーの会話の雑誌版というイメージだろう。

例えば7月号で、

〔♀プガジャスタッフはいくにん？　若いっていいですね。ついていけん、いけんて感じの今日

この頃悩める世代です。どうして男ってSEX抜きで付き合えないの」という投稿があって、それに対して、

「ほたら女はSEXなしで男とつきあえるんでっか」と編集子ヤスヒサ（林信夫のこの欄のキャラ）。

さっそく翌月号に、

「♀とっても気分が悪い。（略）言い方が気にいらない、SEXを知った女ならしらんけど男を知る前の女ってぇのはもっと純なのだ。（略）私は「ひと」が好きだからもっと大切にしたいだけ。（略）ヒジョーにいかっているのだ。バカー！　すーっとした。」が載り、ヤスヒサはそれに、「言い方のニュアンスはまずかったけれど考え方は今もちっとも変わりません。ぼくも「ひと」が好きだからセックスも大切にしたい、と思っているのです」と返している。

読者と同一地平で、ナマの言葉でしゃべっていて面白い。同時代の雑誌ではあったが、同世代の雑誌という感覚は僕の及ばないことだった。発言する、行動する能動的な読者だ。こんな往復で読者が増えていったと思う。

編集スタッフを写真付で紹介しはじめたのも親近感を増した。僕らの雑誌の創刊以前に刊行され休刊した「月刊プレイガイド」が先鞭をつけていたのを思い出す。盛田純一編集長の写真を見て、横顔に本人のいう太宰治の面影を発見したこともあった。

B6判で56ページという少ない誌面だったが、林信夫編集長は、その1ページ、半ページで新しい企画を打ちだした。

最初は「話の小特集」という形で、イベントスケジュールに関係のない「話」「読み物」「おしゃべり」を組んだ。「同時代芸人」のメンバーも随時寄稿したが、加えて横井くにえ、早川正洋、芦屋小雁ら、また村谷純一、COCO & KINTA（高橋秀夫と上田賢一）らが登場した。そしてそれが74年2月号からの「表現者」シリーズに発展していった。モリスフォーム、どらっぐすとぅあ……。

こういった編集企画は林信夫の独特の編集スタイルだったのだろう。僕にしても、大阪労音事務局の同僚で退職仲間の木村聖哉は、そのころ月刊誌「話の特集」で活動していたこともあって、それを毎号読んで参考にもしていたし、面白い雑誌は何か？　お手本の雑誌は？　という問題意識はあったのだ。しかし「話の小特集」という形に踏み込むことはなかった。

もっとも、まずイベントスケジュールを集めて拡充し一覧するという創刊以来の課題に追われていたこともあった。またイベントをバックアップするための関連記事を組むことが雑誌販売、読者獲得の最大要件だと考えていた。一方でスケジュール誌という時間軸に加えて空間（場）軸という視点はあった。イベントスペースとして喫茶店や公園をとらえたのもそうだが、73年2月号の喫茶店の紹介特集にいたって手応えを得た。

強力な制作担当だった山口由美子が6週間のパリ滞在から帰ってきて73年11月号から編集に復帰した。その前の10月号には、

「紫陽花の花の色がどんなに可愛らしいかとか『ラストタンゴ・イン・パリ』のノーカット版の話などコト細かに皆様に聞かせてあげたい」とパリからの手紙が載ったりした。

再び彼女の手書き文字や地図が誌面を飾ることになるのだが、トップページ、目次の上に林信夫編集長のメッセージが彼女の手書き文字で載るようになった。

１９７４年、世の中はオイルショックに見舞われた。それまで高度成長に慣らされた社会は急速に消費がすぼみ、トイレットペーパー騒動や洗剤パニックが起こった。紙資源の不足・高騰から、雑誌など出版物もページ数を減らさざるをえなくなった。

そのころ、「プレイガイドジャーナル」本誌の特集は「喫茶店ガイド」から「名画館ガイド」が続いていて、大きく読者を増やしていた。不況の中でも部数は伸び続けた。印刷代（紙代を含む）は値上がりしたし、創刊以来の64ページ建てを8ページ減らしたのだが、これは印刷代の問題よりも編集能力不足を引きずっていたことによるものだ。

しかし、林信夫は時こそござんなれとばかり、オイルショックでの不況に対して74年1月号で、〔面白い時代がきたなと思っています。世の中不景気の前兆というのにプガジャの広告は増え、部数も増えている。何もないところから出発したからこそ乱世に強い我々かもしれません〕と高らかに宣言した。75年1月号ではさらに、

〔とりあえず74年9月号以来、プガジャが猛烈な勢いで売れだしたことを報告します〕と続けた。この発言はマスコミにも採りあげられ、また一つの神話になった。

読者投稿と会話する相手として74年3月号から森晴樹が登場した。彼は映画欄の担当だったが、日ごろの人なつこいキャラが抜擢されたのだ。

〔寝屋川の永野君、サンケイ新聞で林信夫編集長の顔写真、はじめて見てあんまり若いんで驚い

たんですってね。実をいいますと彼ももうすぐ30になる年頃。若づくりに懸命でして、それはハタで見ていて、切ないくらいです。旭区の野本さん。「プガジャは私にとって強い味方、たとえ他人にバカにされようと、愛読し続けます」なんてうれしい手紙ありがとう。プガジャ一同これからは旭区に足を向けてはねむれません」といった調子。

73年11月フェスティバルホールで「マガジン・オン・ステージ」公演があった。企画・五木寛之、演出・藤田敏雄、脚本・井上ひさし&虫明亜呂無、音楽・前田憲男、制作・矢崎泰久と錚々たるスタッフで、「話の特集」の活字からショービジネスを目指すという好企画だ。出演は斎藤晴彦、上條恒彦、ケン・サンダースら。

林信夫は、誌面の「同時代芸人」シリーズと彼らが集合するイベントで自分たちの夢を大きくふくらましつつあったし、この「話の特集」の動きに注目していた。本誌で、〔期待して見た。出演者はがんばっていたが、舞台はちっともおもしろくなかった。優等生的で一人一人のギラギラした個性を殺してしまって、マガジンオンステージの活字になってしまった。フェスティバルホールなど大ホールでの単発公演ではダメだ。常設小屋の長期興行でこそ」（要旨）と疑問を投げかけた。

そして、誌面企画「表現者シリーズ」を続けながら、74年3月、約1年ぶりに「同時代芸人フェスティバル二の替り」を開催した。1回目の源ヶ橋演芸場が改装中とかで使えなくて江坂の大同生命ホール、できたばかりのおしゃれな会場だったが、これが影響したのか。

出演者は、桂べかこ（現南光）、桂米治（現雀三郎）、旭堂南右（現南陵）、横中バック（現西川のりお)、北京一、小林隆二郎、貧苦巣(ピンクス)、武部行正、ザ・ディラン、上田正樹、宮里ひろし他。

しかし結果としては、1回目とは違って入りがよくなくて赤字を出してしまった。プロデュースした林信夫は率直な反省を5月号に書いた。以下に長いが引用しておこう。それはコンスタントにイベント・興行のプロデュースをし、単行本の出版を手がけた僕にとっても、実際何度も失敗し、本体の雑誌の存続を危うくすることもあったのだ。重く覆いかぶさり続ける課題だ。

2月号からこの「表現者」というシリーズで主に企画制作者の視点から表現に係わる問題をみてきたのだが、一回目の「モリスフォーム」も二回目の「どらっぐすとぅあ」も、フリースペースの維持、ブルースコンサートの主催という違いはあっても金のトータルは赤字であった。それだけに僕達は絶対赤をだすまい、と固く心に誓っていたのだが結果はみるも無残なもの、ほんとうにしまらない話になってしまった。

僕達の仕事は商業性と非商業性、マスとミニ、鳥瞰と虫瞰、それらの狭間をかけぬけてゆくようなもの、いいものさえできればなんて居直ってしまえばただちにぶっつぶれてしまう程度のものなのだ。そのての居直りは簡単なわけで今までけっこうやってきた覚えもあるのだが、そういう居直りの手軽さにはどうもなじめなくなってしまっている。

左右上下おおいに揺れながらもかけぬけられるところまでかけぬけてやろうというのが僕達の生きるスタイルなのだ。表現者には表現者のモラルがあると同様に制作者には制作者としてのモラルが必要だ。モラルを欠いた制作はそのイベントをつまらないものにするだけでなく、なによりも表現する者をくさらせてしまうことになるだろう。

今回同時代芸人に出演してくれた表現者諸君の熱気に我々企画制作者がじゅうぶんに応えることができなかったことをお詫びしたい。反省すべきは45万円の赤字そのものでなく45万円の赤字を出すにいたった僕達の制作自体である。

その後表現者シリーズは誌面では続け、春一番、日本維新派、シネアスト、岩田寄席と続いた。林信夫はまもなく、有文社刊の2冊、『京都青春街図』の喫茶店マスター座談会と香川登枝緒の新刊『てなもんや交遊録』に関わったが、それらは本誌の企画と連動した流れでもあったと言える。有文社とは次節でくわしくふれるが、六月社書房が『大阪青春街図』を出してから倒産し、引き継ごうと僕らがつくった出版社のこと。

74年秋、ザ・ディランⅡが解散することになり、ラストアルバム『この世を悲しむ風来坊に捧ぐ』をベルウッドレコードからリリースした。74年11月30日には中之島中央公会堂で解散コンサートが決まり、本誌でも大塚まさじインタビューを組んだ。

注目するイベントやコンサートの出演者、主催者に対してのインタビューは誌面作りにかかせなかった。原稿を依頼して書いてもらうには負担をかけすぎるし、たいていの場合公演までにはそう時間がなかった。カセットをまわしメモをとって原稿を仕上げるのだが、難点は誌面が少ないのにしゃべりは文字にすると長いのだ。大塚まさじの発言は2号に分けて載った。

『てなもんや交遊録』で糸川燿史が芸人を撮影するのをコーディネートしていた林信夫は、並行してザ・ディランIIを中心にした糸川燿史写真集を企画した。解散コンサートに間に合わせることがまずあって、制作期間もぎりぎりだったし、我々の当時の力量もあった。いわゆる写真表現のクォリティを目指す写真集という形ではとうてい制作費が出せなかった。スタイルは、判型・用紙ともＢ６判の本誌と同じにして、ページ数は倍ほど、収録写真は３００点を超えた。

この糸川燿史写真集『グッドバイ・ザ・ディランII』は74年11月完成した。ザ・ディランIIの活動を縦糸に、１９７０年から4年間の「春一番」や「黒テント」や「プレイガイドジャーナル」に関わった人びととの活動を横糸にして、あますところなく記録した貴重な写真集になった。中津川の全日本フォークジャンボリーや、ザ・ディランIIの北海道演奏旅行までも同行して撮影した糸川燿史の行動力にも驚かされた。表紙デザイン高橋秀夫（２００５年にビレッジプレスで復刻、発売継続）。

林信夫はそれを有文社発行の単行本ではなくプレイガイドジャーナル社で刊行した。シリーズ名称は「ぷがじゃマガジン」。

糸川燿史写真集『グッドバイ・ザ・ディラン II』（1974年11月刊）

〔企画内容的には単行本的な性格を、スタイルとしては雑誌的であろうとするものです。資本をもたない我々が出版企画の多様性をはかるにはできうる限り身を軽くする必要があったのです〕

これによって、雑誌とは別路線で、また有文社発行の単行本路線でもなく、自分たちで出せる形と道を開いたといえるだろう。スピードと少ない費用で気軽に出せるというのは僕らに似合っていた。そしてこれはのちの自分たちでの単行本出版につながった。

74年12月号時点での編集スタッフを紹介しておこう。上島かのこ、おきよしのり、貴志幸信、キム、阪越エリ子、沢井大三郎、関口哲雄、辰己康雄、谷村有理、玉野井徹、中沢秀晃、中根隆良、中原英子、秦京子、松原利巳、森晴樹、森田裕子、安井博文、山口由美子、渡邊仁。編集長・林信夫、発行人・村元武。クリエイト大阪チームは、松田一二、金一浩司、安藤利通、山田修、大橋誠仁、谷口博昭、おぎのえんぞう。

表紙イラストは毎号替わりで周囲のイラストレーターに依頼していたが、山口由美子帰国後は彼女が担当した。その後74年10月号から日本維新派の美術やポスターを手がけていた大村泰久に依頼した。

１９７５年4月号からは64ページに戻した。掲載すべき情報量がずいぶん増えたのだ。それは世の中で開催されるイベントなどが増えたのではなく、我々の情報収集能力があがってきたといえた。それに広告が増えてきたこともあった。当然ながら広告は優先しないといけない。契約なのだし、収入源でもある。もちろん依頼原稿や連載もあったし、編集部員は各自、日々取材して書きたい記事も多かった。取材先からも告知を頼まれることもあった。

それらを64ページに落とし込んでいくのだが、当然記事はあふれてしまう。文字も極限まで小さくした。40年後の僕はほとんど読み通せないほど小さいのだ。

そして、毎号最後に編集後記を書く段階でページがなくなる……。

74年8月に実施した「アメリカ夏の陣」についてはくわしく後述するが、参加スタッフは彼の地で思いっきりカルチャーショックを受けて帰国し、元気いっぱいだ。彼らが（僕も含めて）新しい企て・編集企画を矢継ぎ早に提案しはじめた。これらは74年10月号から始まった。旅行レポートが載り、11月号では「生活カタログ」、75年1月号から「フリーマーケット：質素な生活のためのカタログ」、そして「プガジャクラブ」立ち上げなどなど。

また「アメリカ夏の陣」に参加した浦野成治が帰ってすぐに編集部に飛び込んできた。まだ確か10代だったと思う。パワーいっぱいで、その実行力・突進力は目を見はるものがあった。

やや硬派の特集もあった。75年4月号「選挙」5月号「拠点」6月号「コミューン」と続いた。

毎月の「プガジャリサーチ」や連載読み物、インタビュー記事も含めて読みごたえのあるしっかりした記事が並んだ。

さらに、森田裕子率いる女子軍団も黙ってはいなかった。75年10月号から「プガジャガールズより with Love」が始まった。てらだまりこ「はためくおしめより愛をこめて」はたくましく生きている生活現場からの発言だった。

こんな状況を林信夫編集長は、75年10月号「編集雑記」で以下のように書いた。

今やプガジャは20代前半組及び女組の勢力伸長著しく20代後半組とのヘゲモニー争いは熾烈をきわめる闘いとなっております。

なんとか夏頃まで持ちこたえた編集権もアメリカバークレー旅行団の連中の帰国によりニューライフスタイルの徹底化が、雑誌「宝島」の突っぱりと共にひとつの意識革命として進むにつれて、プガジャ内68・69年心情全共闘一派はその脆弱な思想基盤を再度問いなおすことを求められているようです。幻想の解放区から街へ出てゆかねばならなかったぼくたちと、すでに醒めた目をもって街にいた者たちと、街の中に存在する、自分を含めて、呪縛する性差別に目を向け始めた女たちと、プガジャメンバーのかかえる問題は新たなる展開期に入りつつあるようです。

さて、次号11月号よりプガジャはスタイルを一新して皆様にお目にかかります。新しい皮袋には新しい酒で一杯にしてあなたのお手許にお届け致しましょう。今ぼくたちが感じているさまざまな事をより明らかに意識化したいと思います。

75年夏、この時代を彩り、共に活動する人びとが一挙に寄稿やインタビューで登場した。第1作『性春の悶々』を撮った井筒和幸（当時和生）監督。初期の名作『暗くなるまで待てない』を完成した大森一樹監督。オレンジレコード第1作、西岡恭蔵『ろっかばいまいべいびい』をリリースした阿部登。アメリカから帰った北京一や石田長生の帰国第1声。ソー・バッドレビューでの活動はもうすぐだった。宮里ひろし『長い旅がいやになる』やひがしのひとし『マクシム』

もこの年。チャイやネパールの魅力を語り続ける山田育宏（喫茶カナディアン＝のちの加奈泥庵）。市会議員選挙に打って出た豊中のスポット・フリークの坂本洋。マンガ評論を開始した村上知彦。そして、いしいひさいちの4コママンガ「プガジャマン」も74年11月号から登場していた（2月号から「御漫画」に変わった）。

75年11月の日本維新派公演『足の裏から冥王まで』で手応えを得た松本雄吉は翌1月号から3号連続で登場した。池内琢磨（ザ・花園少年少女団）、前田正樹（舞踏家）との対談を組み、また3月号では公演ごとに「けったいな」劇場を拵えるという松本雄吉の強い考えが載った。２０１６年まで続く維新派の原点だろう。

１９７６年1月新年号には、初めての試みとして「豪華絢爛　百発百中　お正月大懸賞」を打ちだし、招待券、レコード、ポスター、本、その他ギターやTシャツ、ばけつ、凧、パーマ割引券などプレゼントをそろえ、大きな反響だった。

こうしてみると、編集雑記にみるヘゲモニー争いも、なかなかどうして林信夫編集長はしっかりヘゲモニーを確保しているようだった。

このころのイベント主催者を名前の記憶から紹介しておく。

映画の主催者が元気だ。自主制作する映画作家も増えていたし、内外メジャーのフィルムを自身の目利きで選んで借り出し、上映会を開催したのだ。

大阪学生映画友の会・升田光信・松浦、名画発掘70・藤村尚美、グループ無国籍・磯本治昭、ＭＳＣ映画サークル・藤井、日本映画を見る会・依田一郎・佐々木隆之、グループデラシネ・依田一郎・佐々木隆之・倉本敬男、映画サークルちまた・山野、枚方シネクラブ・得津富男、赤いフィルム舎・得津富男、反転舎・得津富男、ＳＲＯ映画サークル・樋口、大阪シネサークル・大島、シネ狂巣・松村晃、シネマ自由区フリーク・松村晃、シネジャック・岡本和久・倉本敬男、シネシネ7・貴志幸信、倫敦巴里社、映画友の会クラブ大阪・藪下、シネマダール、ＡＦＧアニメフィルムの会、プラネット、サイバネティックスシネマ、大阪カトルドシネマ・武田、シネマドオルフェ、無頼社・庄内斎、シネマゴア・吉本、シネマジャンヌ・いとう、フィルムワークショップ・上武未来、全大阪映画サークル・斎藤孝義、神戸映画サークル、京都映画サークル、京都労映。

音楽の主催者は、風都市大阪＝センチメンタルファミリー大阪、オレンジレコード、ヤングジャパン、サウンドクリエーター、ホーボーコーポレーション、DO IT、ピープル、ASHIYA BOWSプロジェクト、ファミリー企画、グリーンピース企画、ヘヤー企画、サレンダー企画、シャッフルハウス、ルブジェム、TENPO PRIMO、ローズマリー・インスティテュート、ホットジャーナル、ロックイン六甲、グリーンハウス、七人の会、MOJO WEST、むい、ギー、フリーク、スタディールーム、ＶＯＸヒコーキ屋、インタープレイ8、梁山泊、ＺＡＢＯ。

イベントスペースとしては、無減社、島之内小劇場、インタープレイ8、由紀オガワギャラリー、どらっぐすとぅあ、ビックスバーグ、ほんやら洞、ギャラリー中之島、スキャンダル、拾得、マントヒヒ、西部講堂。

京阪神各「青春街図」が出そろった有文社と単行本企画

１９７３年５月、編集部の総力を挙げて編集、取材、執筆した『大阪青春街図』は完成した。刊行後、売れ行きもよく、六月社書房の編集担当山田一はすぐに増刷を伝えてきた。同時に「京都版」もやろうということになった。

僕はこの動きに手応えを感じ、単行本の編集やコンサートのプロデュースに専任してプレイガイドジャーナル社の事業を軌道にのせよう、自身と関わるメンバーが食えるようにしようと、「プレイガイドジャーナル」７月号から林信夫に編集長を引き継いだのだったが、さい先のいいスタートだった。

ところが、９月になって版元の六月社書房が倒産すると知らされた。さあ、これからだと勢いこんでいたところだし、僕らの本を出してくれた出版社なのだ、とその信頼感を疑ったこともなかったのだ。

10月債権者会議が開かれ初めて出席したが、最大債権者の印刷会社社長が議事をリードして、個々の債権は放棄しようということに決まった。印税ももらえないままになった。

「青春街図」というヒットシリーズ企画に発展しそうなことも念頭に、山田一とで『大阪青春街図』の今後について善後策を話し合った。我々の組織は、松田一二の積極策で９月には株式会社クリエイト大阪を立ち上げ、「プレイガイドジャーナル」も含む全体の事業を統合していた。その中に単行本出版を組み込むこともできたが、松田一二の考えは、境界線の曖昧な共同体のようなプレイガイドジャーナル方式ではなく、少数のベテランスタッフによる出版社の形だった。資金的な流れも一緒にはできそうもなかったので、新しく株式会社有文社をつくることにした。松田一二と山田一が中心に取り組み、まさに兄弟会社の誕生だった。

有文社はスタート時にMBS編『ヤングタウン』と青春街図シリーズ企画を打ち出し、六月社書房の流れもあって、12月までに全国書店を対象にした主要な取次と契約することができた。つまり、トーハン（当時は東販）、日販、大阪屋だが、この取次ルートで全国の書店に納品が可能になるのだ。

当時「プレイガイドジャーナル」の書店流通で取引のあった取次は地図共販と柳原書店の2社で、大阪と京都の主な書店にようやく配本している状態だった。山田一の提案で「プレイガイドジャーナル」も有文社の口座を使って配本し、売れ行きを伸ばすことができるようになった。

ところで、有文社のスタートによって、中断していた『京都青春街図』を特急で、となったのもやむをえなかった。

「プレイガイドジャーナル」本誌でつき合っているスポットや団体・組織を個別に地図付で紹介するという「街図」の基本部分はすでに取材が進んでいたし、地図の作成にもかかっていた。

しかし企画ページはなかなか埋まらなくて、本誌で知りあった何人かのカメラマンやイラストレーターにたよって、写真やイラストでお気に入りの京都のスポットやエリアを取材してもらった。そのため個々の取材者の個性がもろに出て合同展の様相だった。

加えて、当時京都で発行されていたタウン情報誌、冊子ではなく1枚モノの本文を重ねて封筒に入れた型式がユニークな「フリータウン」の協力を仰いだ。バックナンバーの一部を再録させてもらったのだったが、彼らの意図をうまく出せたかどうか、悔いも残った。しかし、何とかページを埋めた。あとがきで、

〔「異母兄弟版・大阪」についでの特急版「京都」……私たちに一冊の本が創れる力があるなどと、今でも決して思っていませんが……〕といいわけがましい。多彩な情報を集めたページが自分たちの努力で、ほかは多くの人の手によった。なんとか刊行を間に合わせたが、拙速まぬがれがたく、僕の未熟さが目立って反省の多い一冊だ。

しかし、当時輩出し始めた京都の喫茶店のマスターに出席してもらっての座談会は、新編集長の林信夫が司会して時代の貴重な記録になった。

すでに浅川マキのライブ主催で知られていた「ギー」（久場正憲）、72年開店の「どらっぐすとぅあ」（辻原正雄）と「ほんやら洞」（早川正洋）、73年2月に開店したばかりの「拾得」（寺田国敏）の4店だ。いずれも喫茶店の枠を超えて音楽やイベント、表現の場としての展開を始めていて、その後の京都のライブスポットの先駆けとなった。

当時本誌の直販店は喫茶店、映画館、画廊、ホール、プレイガイドなど100店ほどあっただろうか。これらは同時に情報収集の拠点でもあった。毎月の配本はきつかったが、京都は林信夫が担当していた（神戸は村元）。それが役にたったし、また本誌の編集企画にもフィードバックされた。

『京都青春街図』は74年3月刊だった。

次の「青春街図」の企画は神戸なのだが、その前にアイディアがあった。倒産した六月社書房の倉庫に眠っていた『大阪青春街図』の在庫を引き取って増補版として発行するのだ。

この本の奥付はなぜか本文ではなくカバーの折り返しにあった。普通は本文最後のページに著者名・発行社名・発行日などの表示があるのだが、山田一の先見の明（?）なのか。おかげで、引き取った在庫本のカバーを換えるだけで有文社刊になった。その間のいきさつと最新の情報を載せた16ページの「増補版」を挟み込んで74年5月に刊行した。定価は５６０円から６８０円に上がった。

有文社の刊行目録も何点かそろい始めたが、引き続き林信夫に次の本の編集依頼があった。「プレイガイドジャーナル」本誌に連載中の香川登枝緒の初めての本をだすことになったのだ。

テレビの人気番組「てなもんや三度笠」の作者香川登枝緒は、サンケイ新聞に60回にわたって続けた連載があった。これを単行本にまとめる計画は当初六月社書房で進んだが、つぶれたために有文社が引き継ぐことになった。加えて、登場する芸人たちの写真を糸川燿史が新たに撮りおろすという企画に発展した。そのコーディネートは当然ながら香川登枝緒の信望あつい林信夫になった。藤山寛美ら多分通常では撮影できなかった芸人も香川登枝緒の紹介で可能になった。

その取材や写真は並行して「宝島」10月号で特集が組まれるなど、東西で盛り上がった。

『てなもんや交遊録』、74年9月刊。本誌11月号の連載「仏心鬼語」で香川登枝緒は、「これは私の処女出版だ。うれしいことに来春『大阪の笑芸人』（晶文社）の刊行も決まった。2冊目だ。いずれも林信夫が助産婦の役割をやってくれている」と喜んだ。74年11月26日サンケイ会館で出版記念パーティーも開催された。

72年6月創刊した兄弟誌「プレイガイドジャーナル名古屋」に『名古屋青春街図』の編集をやらないかと声をかけた。また『東京青春街図』も田川律に編集チームを組めないかと持ちかけて実現できそうだったし、札幌、福岡など有文社編集部は独自に各地版にまで広げていった。

松田一二、山田一、六月社書房の編集者だった山下誠の3人が当初のスタッフで、事務所はプレイガイドジャーナル社とは少し離れたところだったが、それを74年6月、野崎町ビルと同じ家主の勧めもあって近くの国道1号線を渡った池田ビルに移って、3階の2部屋に全組織を集約した。このビルにはクーラーがあった。

プレイガイドジャーナル社、クリエイト大阪、有文社と三つの組織に分かれてはいたが、当初はまったく同じ集団で、協働していた。しかし少しずつカラーができあがってくるものだ。我々プレイガイドジャーナル社では個人の自由な活動がまずあったし、スタッフは相変わらず入れ替わったし、やたらと徹夜好きで雑誌編集やイベントは遊びと同地平にあった。

またクリエイト大阪の中の金一浩司が率いる舞台監督チームは、全国のステージをまわる活動を軌道に乗せてきた。松田一二率いる有文社は出版社でやっていこうと専従での活動を重視した。

しかし、舞台監督や単行本出版に魅力を感じて相互を移動するメンバーもいたし、多様な職場ではあった。74年の段階では、三つの組織は連携して力をつけていく端緒についたばかりだった。

1975年1月、『神戸青春街図』を完成させた。この編集には、74年夏に実施した「アメリカ夏の陣」のスタッフだった渡邊仁が取り組んだし、一緒に参加してやる気満々の浦野成治が、帰国後すぐに「プレイガイドジャーナル」の編集スタッフになり、この本の編集にも加わった。『神戸青春街図』のメイン記事は喫茶店や映画館、画廊、イベントスペースなどの情報と、ハローアゲンスタジオ森英二郎によるカラーイラストマップだった。

特集として編集の渡邊仁は、当時「週刊月光仮面」を出していた村上知彦や、かつての「月刊プレイガイド」のメンバーで絵本作家の岡田淳、神戸で大森一樹監督らがいた映画グループ無国籍の協力を仰いで神戸をとらえた。

また、神戸で発行されていた「季刊サブ」、1号1号が独立した特集で完結し、各号判型も変えて、何ともすみずみまで魅力的な雑誌だった。その編集発行人小島素治に「季刊サブをめぐって」の寄稿を得たことは特筆すべきだろう。

渡邊仁はこの刊行後まもなく有文社に移って、出版社の側から共に青春街図の制作を続けることになった。

75年12月には『大阪青春街図76』を完成させたが、それは渡邊仁と僕との共同作業になった。『大阪青春街図76』の内容は、移り変わる情報、増えつづけるスポット紹介は念入りにやった。企画ページとしては、「プレイガイドジャーナル」本誌で記載した大阪の面白かったイベント1年間の記録と、活躍した人びと35人を、写真付で紹介した。例えば、SF作家で共和教育映画のプロデューサー石塚俊樹、美術造形作家猿沢恵子、録句亭オーナー片山史郎、ミニコミ「いろはにほへと」を出していた写真家上武未来、どろ舟主宰・演出家古賀かつゆき、無減社のディレクター筒井みちえ、パントマイムの重藤静美、あしたの箱の熊谷〝呑〟信夫、島之内教会西原明牧師、日本維新派の松本雄吉、フリークの坂本洋、シネマ自由区の松村晃……。

このスタイルは、地理的な情報と時間的な区切りでの年鑑的記事とを結合させて、今後の「青春街図」の定期的な刊行への道をさぐる意図があった。

なお、「季刊サブ」は73年に6号で休刊したのだが、小島素治は77年に新雑誌「季刊ドレッサージ」を創刊した。渡邊仁は有文社で単行本編集に携わったのち「季刊ドレッサージ」の編集に加わることになる。

有文社の青春街図シリーズは75年12月までに大阪、京都、名古屋、札幌、そして東京が刊行された。『The Groovies CATALOGUE　東京青春街図』（ハウス２１０編）は、表紙デザインとイラストに河村要助、本文イラストに渋谷則夫、そして高田渡の写真、田川律の詩などが掲載されていい本になった。

ニコニココンサート（74年1月から）と音楽イベント

ところで、「プレイガイドジャーナル」の編集を離れてから、僕の仕事のもう一つの柱はコンサートやイベントのプロデュースだった。

１９７３年6月から僕らは北浜にあった三越と提携し、8階の三越劇場で毎月の企画・公演を開始しようとしていた。福岡風太の風都市大阪は、72年5月の春一番コンサート（天王寺野音）に向けて3月から髙島屋ホールで「六番町コンサート」を毎月開催していた。それにならって僕らは三越劇場だったのだ。

東京で「ニューミュージックマガジン」を離れてフリーで評論活動や舞台監督など活動を広げていた田川律が関わっていた渋谷ジァンジァンの高嶋進が、制作した企画を大阪でやりたいので一緒にやらないかと言ってきた。三越劇場に声をかけて、まもなく「三越土曜スペース」をスタートさせた。

ジァンジァンのヒット企画であるモダンダンスの「アキコカンダ」、詩とジャズパフォーマンス「吉増剛造」、中村伸郎一人芝居「授業」、松岡計井子「ビートルズをうたう」などがラインナップにあがった。僕はそれらに並行して大阪独自の企画、「西岡たかし＋渋谷毅トリオ」「南正人」「古谷充とザ・フレッシュメン」を組み込んだ。

三越劇場はキャパが400人と大きかったし、ステージと客席がやや遠い旧来型の劇場だったので、毎回客席に大きく張り出した特設ステージを組むようにして特色を出した。

しかし独自の舞台表現を目ざす高嶋進から、三越劇場では満足できずホールを替えようと提案があった。そこで堂島の毎日新聞社ビルの11階にあった毎日文化ホールを打診し、74年からはここに移して「マイナースペース」シリーズとして継続することにした。このホールはステージも低く、キャパも200人と手ごろなのが気に入ったのだ。ただし会場費の高いのが難点だった。

まず3月に津軽三味線の高橋竹山（初代）をやったが、当時話題になっていたこともあってすごい人気で、結局翌月・翌々月と3回続けることになって、予告していたパントマイムのヨネヤマ・ママコや松岡計井子が同じ月に並ぶことになった。

ところで、69年から僕が編集に携わった「フォークリポート」を発行していたアート音楽出版は、音楽舎、URCレコードと兄弟会社だった。3社は同じ事務所で、71年までの3年間ともに活動したいわば僕の古巣といえるのだが、その音楽舎についていえば、70年ごろからミュージシャンの離脱が続き、72年秋には大きく変わりつつあった。その原因には関西フォーク系の歌への相次いだ放送禁止やレコードの発売禁止、一部の党派やフォークゲリラからの音楽舎やミュージシャンへの批判、IFC（インターナショナルフォークキャラバン）中止などによる財政逼迫があった。秦政明代表の会社運営上の問題も指摘された。

60年代後半に日本で始まったフォークソング運動ということで特記すべき一面は、ごく普通の人びとが愛聴していたアメリカのモダンフォークソングリバイバルをモデルに歌を作り、ギターを演奏し、歌い、シンガーソングライターとして活動をはじめて、従来のプロ作詞家・作曲家・歌手の領域だった創作表現活動をアマチュアに解放したことだった。

同様に、音楽舎とURCレコード、アート音楽出版のやったことは、フォークソングに関して、いわゆる興行主催やミュージシャンのマネジメントを担う音楽事務所に加えて、楽曲の著作権管理やレコードの制作販売を担うレコード会社を立ち上げた。いわゆる「インディーズ」だが、それまでのメジャー独占体制に組み込まれずに、だれでもが制作販売を組織立ってできるということを、短期間だったが見事に成功した形をみせたことだったといえる。

当然ながら業界の反発やマスコミの放送禁止にもあったが、それに対して異議申し立てもやった。わいせつ図画販売容疑で「フォークリポート」が押収される事件もあり、その裁判闘争は継続中だった。

音楽舎から離れたミュージシャンの拠り所として、元社員だった高木照元が独立して如月ミュージックファクトリー（如月音楽一家、如月ミュージックファミリー、如月ミュージックオフィスともいった）を設立し、ブッキング・マネージメントを引き受けていた。僕は、高木照元の呼びかけで73年10月には「井上陽水・遠藤賢司ジョイントコンサート」（サンケイホール）の大阪公演を引き受けた。

その頃にはすでに、はっぴいえんどを擁する風都市や、アリスのヤングジャパン、小室等や吉田拓郎らのユイ音楽工房が活動をスタートさせていた。

メジャーもだまって見てはいなかった。73年5月にキングレコードがベルウッドレコードを発足させたが、すでにその前から中津川の全日本フォークジャンボリーのレコーディングをするなど、豊富な資金力でミュージシャンを集め始めていた。

74年にはURCレコードも音楽舎と同様運営は困難になっていて、エレックレコードに販売を移管し、新譜のリリースも（発売は）エレックからということになった。

そんななかで、五つの赤い風船の西岡たかしは如月ミュージックファクトリーには合流せず、音楽舎にも残らず、大阪で自身の事務所ニコニコ堂（出版）を興していた。

三越劇場を使えるいい機会なので、話を持ちかけて西岡たかしのプロデュースで月一のコンサートをやることに決めた。タイトルは「ニコニコンサート」、74年1月からのスタートだった。

西岡たかしがプロデュース＆ホスト役になって、「豊田勇造・長野隆」「斎藤哲夫」「中川イサト」「佐渡山豊」「オリジナルレッドバルーン（五つの赤い風船）」「金森幸介」「金沢栄東」「映画版五つの赤い風船」「ディランII・西岡恭蔵」「なぎらけんいち」「三上寛・友部正人」と続け、1年目の最後に単独で西岡たかし、と楽しい企画が続いた。ときには飛び入りで岡林信康や泉谷しげるも登場した。

このコンサートは音楽舎の時代から五つの赤い風船のマネージャーだった今井治と僕との共同作業だったが、彼は、新しい事務所ニコニコ堂の展開を考えていたのだろう、あるとき豊田勇造のアルバムを制作したいと相談された。ライブレコーディング盤ということなので「ニコニコンサート・番外」にして、74年6月6日毎日文化ホールで開催した。

こうして完成したアルバム『豊田勇造・長野隆　1974ライブ』(ディレクター中川イサト)はエレックレコードから発売になった。豊田勇造の初めてのアルバムだった。長野隆はベースで参加し1曲歌っている。

二人はニコニコンサートの最初にも登場したし、今井治の計画では、豊田勇造への思い入れとこのユニットで演奏活動を続けたいとの考えがあったのかもしれない。

僕は、豊田勇造とは「フォークリポート」の時代に何度か出会っていたが、一緒に活動したのはこの時が初めてだった。そして、レコーディング後の74年7月、プレイガイドジャーナル主催の「アメリカ夏の陣」に誘って1カ月間西海岸で共に過ごした。

ニコニコンサートの2年目を迎えた75年は、今井治の考えだったか、ホスト役を金森幸介と豊田勇造に代え、三越劇場でこの年に隔月で6回開催した。出演者は、西岡たかし、ひがしのひとし・西岡恭蔵、中山ラビ、みなみらんぼう・異邦人、上田正樹&有山淳司・三浦久、西岡たかしら。京都勢との組み合わせがいくつか実現した。

そのころ、豊田勇造は劇団発見の会制作の映画『味覚革命論序説』（演出瓜生良介）の音楽を担当することになり、出演もした。その映画が完成し、75年6月には島之内小劇場でやはり僕らが上映会&ライブをやることになった。本誌ではニコニコンサート6月「中山ラビ」と並べて告知した。

その後、豊田勇造は発見の会との活動が続いて、エレックと別れ、76年5月に発見の会制作のアルバム『さあ、もういっぺん』（エルトローボレコード）をリリースし、その発売記念コンサートは5月と6月、大阪毎日文化ホール、京都勤労会館、神戸文化小ホール、枚方市民会館の4カ所を僕らが開催した。

西へ旅する汽車にのって　おれが見た夢　悲しい夢
ずっと昔の友だちの夢　あいつら今ごろ　どこをぶらぶら

一杯飲み屋の安酒で　一人一人の夢をぶちまけた
新しい時代は　おれたちがと　乾杯したのは　つい昨日のこと

金はなかったが　楽しかったね　ふざけてみたり　とびはねてみたり
金では買えない　ものがあると　教えてくれた　おまえはいない

おれは東へ　おまえは西へ　あいつは南へ　あのこは死んだ
たったひとつ　わかることは　おまえの敵にはなりたくはない
（作詞・作曲豊田勇造「東へ西へ」）

75年2月には如月ミュージックファクトリーの高木照元から2本のコンサートの提案があった。「ジャック・エリオット」（厚生年金中ホール）と「ベイエリアコンサート」（サンケイホール）で、共に4月開催だった。この年の前半はコンサートや演劇、映画などイベントをかかえきれないほど企画していたのだ。我々にはちょっと荷が重い感じがしたが、何でもやってやろうという勢いだった。

ランブリング・ジャック・エリオットには西岡たかしが共演することになった。「ベイエリア」はサンフランシスコ湾を囲んだ地域のことで、アメリカ夏の陣で滞在したバークレーも含まれていて、いいネーミングだと思った。出演は小坂忠、ティンパンアレイ（細野晴臣、松任谷正隆、林立夫）、ココナッツバンク（大滝詠一、伊藤銀次、上原ゆかり、藤本勇志）、ハックルバック（鈴木茂、佐藤博、田中章弘、林敏明）、吉田美奈子、シュガーベイブで、この時代でないと組めない企画だったし、高木照元の立ち位置の広がりを見た。共に音楽舎と共催した。

第1回アメリカ夏の陣（74年7月）と海外旅行企画

1973年5月ごろ日通旅行社から海外旅行の広告出稿と集客協力の申し出があった。「雑誌記者特派」の形で11月の9日間パリ旅行の企画だった。「プレイガイドジャーナル」が部数を増やし、動員力もついてきたと旅行社がみるようになったのか。あるいは担当者が本誌の読者だったのかもしれない。初めての雑誌主催の海外旅行になった。

編集部からは、松田一二、松原利巳、上島かの子、「プレイガイドジャーナル名古屋」から柴山洋一ら、全31人が参加した。無事にツアーを終え、74年1月号で糸川燿史の写真を中心に旅行記録を組んだ。

続いて12月ごろ、今度は関西汽船から「グアムクルーズ」の広告出稿と集客協力要請があった。1万トンのコーラルプリンセス号で船内8日間、グアム滞在2日間、74年4月実施で若い世代を対象に480人を募集するという。それを受けて、話し合いを続けるうちに船内イベントの企画にも協力することになった。

イベントの企画制作には安藤利通、林信夫、村元が携わり、その運営スタッフとして乗船することにもなった。ラッキー！

船内イベントの企画は、メインホール、シネマホール、図書室、ラウンジ、プールサイド、甲板などを使って、コンサートや寄席、教室などを企画した。

4月25日、いよいよ神戸港から出港。出発する人々が甲板に並び、見送る人々が岸壁を埋めて、無数の紙テープが双方をつないだ。銅鑼が鳴り、ゆっくり船が動きはじめ、テープが次々に切れていく。何とも言えない別れのシーン。ほんの10日間の旅行なのに感傷的にもなった。けれど、船内イベントに出演を依頼して一緒に乗った北京一はそうではなかっただろう。船旅とグアムの2日間滞在を経てから、帰路につく我々と別れて単身アメリカへ武者修業に行くためにロサンゼルスに向かうのだ。他の船客とは違ってその決意には想像以上のものがあったと思う。その港ロビーでの出発シーンは糸川燿史が写真集『グッバイ・ザ・ディランII』に残している。

北京一に呼びかけたのは「同時代芸人」をプロデュースした林信夫だった。そして北京一はグアムからアメリカ国内便フライトでLA空港に飛んだ。モリスフォームの森喜久雄が待っているのだ。3か月後の8月には「アメリカ夏の陣」でバークレーに滞在した僕らに会いにやってきて再会を祝したし、1年後には多くの収獲をもって帰国し、ロックシンガーとして旋風を巻きおこしたことは後述する。

船上では、僕は林信夫とで卓球ばかりしていたような記憶があるだけだ。毎日ゆったりとした時間が過ぎていた。

関西汽船は、瀬戸内海航路とは別に、外国客船をチャーターして海外に出かけるクルーズを始めて最初の企画だったか。なお、83年から世界一周船旅を企画する「ピースボート」も初期にはこのコーラルプリンセス号を使っていたようだ。

74年2月、グアムクルーズでの船内イベントの企画を進めていたころ、佐々木慶久が会いに来た。初対面だったが、彼は大阪の音楽業界の事情にくわしく、元大阪労音事務局同僚の友人でもあった。彼はアメリカ西海岸での英語留学を中心にした旅行社ISA（インターナショナル・スチューデント・アドバイザーズ）に勤務していた。

ISAの広告は3月号から出してもらえることになったが、それ以上に興味深い企画の提案があった。

ISAはノースウェスト航空系の旅行社で、バークレーに拠点、施設があり、かなりの英語留学生を送り込んでいること、そのため航空運賃を安く設定できるということと、カリフォルニア大学バークレー校の学生寮が夏の間まるまる空いているので、そこに長期滞在するフリーツアーを一緒に主催しないかというものだった。

あのアメリカが、思いもかけず近づいてきたことに驚いてしまった。こんなに簡単に想像もしなかったアメリカを目指した企画が組めるのか。ここ数年、僕はベトナム戦争反対、安保反対……と叫んでいたのではなかったか。

アメリカはベトナム戦争のまっただ中で、ベトナムの無辜の民を爆撃で無差別に殺戮していたが、反戦運動や公民権運動も激しさを増していた。１９７０年には安保条約を継続し、沖縄をはじめ基地は存続した。しかし、一方で、アメリカのフォークソングリバイバルによって新しい音楽状況、社会状況も我々の身近なところにあふれ、またライフスタイルでも大きな影響を受けていた。ジーンズやスニーカーが満載の「Made in USA Catalogue」はバイブルのようだった。多くのフォークソング、ポップス、ジャズミュージシャンが来日して身近に音楽を楽しんだ。

モリスフォームの森喜久雄はアメリカに5年滞在して70年帰国、その後も両国を往復して活動を広げていた。北京一はまもなくグアム経由でアメリカに向かうところだった。
そのアメリカに行かないかと誘われたのだ。
アメリカが向こうから近づいてくる。

（以下、映画『ウェストサイド物語』で歌われた「アメリカ」のつもり）

ジョージ・チャキリスがすばやく踊った
リタ・モレノがはねるように歌った
全員がリズムに乗ってドッと笑った
……これがアメリカ　ここがアメリカ

ある若者は貨物船で渡った
留学する友人は移民船で渡った
若き漫才師はグアムからＬＡに向かった
……アメリカは日本、沖縄に基地を作った

ポール・アンカがラジオで歌ってた
コニー・フランシスがラジオで歌ってた

ニール・セダカがラジオで歌ってた
……アメリカは広島と長崎に原爆を落とした

日米衣料でブルージーンズを買った
ガレージセールでヨットパーカーを買った
フリーマーケットでスニーカーを買った
……アメリカはソ連と中国の共産主義国家と冷たい戦争

ピート・シーガーが大阪で歌った
ジョーン・バエズが大阪で歌った
オデッタが大阪で歌った
……アメリカはベトナムのジャングルを焼き尽くす

ミュージシャンはレコーディングで渡った
ヒッピー達はガンジャを楽しみに行った
中古レコード店主は仕入れに行った
……アメリカでは黒人はバスに乗れない

ジャック・ケルアック、ビートニクの小説を読んだ
ピーター・フォンダ、ヒッピーの映画を見た
リチャード・ブローティガンの鱒釣りの表紙
……ケネディが暗殺され、ジョンソンからニクソンへ

フォークソング・リバイバルが道しるべだった
ジャズ喫茶で黙り込んでひたすらモンクを聞いた
ロックンロールが青春の血を湧き立たせた
……アメリカは人種差別のまっただ中

「アメリカン・グラフィティ」「卒業」

「イージー・ライダー」「俺たちに明日はない」

「明日に向って撃て！」「真夜中のカーボーイ」

……公民権運動、反戦運動、徴兵拒否

この機会を逃さずに、この提案を受けようと思った。

このツアーの基本的な枠組みは、学生寮を利用できる期間が1か月ということで、それを最大限生かした設定にして、参加者が充足感を得る旅行にすること。現地の人々と積極的に交流する

こと。安全面では、その間の宿泊所を全参加者に確保し、必要な情報を提供したうえで、可能な限りフリーな生活を過ごすこと。事故に備えて本部機能を確立すること。等々を決めていった。

海外旅行は64年から誰もが自由に渡航できるようになっていたが、まだまだ旅行社の企画する団体旅行が中心だった。旅行客が一挙に増え出したのは70年になってからだという。

実際は、僕はまったくわかっていなかったが、思いっきりイメージをふくらませようとしてキャッチフレーズを書いた。当時は、海外旅行に行くことは大手旅行代理店（「ルック」など）や航空会社（「ジャルパック」など）の主催する団体観光旅行に参加するのが一般的だったのだ。

「観光ではなく生活を！　通過ではなく滞在を！　パックではなくフリーを！　ルックではなくプレイを！　自由気ままなアメリカ1か月の生活」。これがどのような実態を反映しているのかどうか。とにかくそれに近づけるような旅行企画を実現しようとした。

どこまで自由な企画が許されるか、現実的であるか、をＩＳＡの佐々木慶久に確認しながらだったが、彼からはどんどんやれと勧められた。

さらにはアメリカ帰りだったモリスフォームの森喜久雄と、アメリカ渡航歴のあった田川律を顧問格に迎えてツアー全体をサポートしてもらうことにした。

かくして、無鉄砲に「アメリカ夏の陣」は動き出した。「プレイガイドジャーナル」74年5月号で最初の旅行概要を告知した。

1か月まったく自由に個人で行動できる人や目的のある人は自由に過ごしたらいい。しかし、それでも旅行の独自な企画は出したいと考えた。

その一つが現地の若い世代との交流だった。そのためにイベントを企画した。そしてまずクリエーターに参加を呼びかけた。ミュージシャン、フィルムメーカー、パントマイマー、カメラマン、イラストレーター、彼らの表現を現地の人びとに見せることができれば、それがきっかけとなって交流が生まれるのではないかと考えた。

幸いＩＳＡの協力が得られて、ＩＳＡ現地事務所のバークレー・インスティチュート講堂のインターナショナルハウスやＵＣバークレー大学構内のスチューデントユニオン・ロビー壁面などを借りてくれた。そこでコンサートやフィルム上映会と、エキジビション（ミニコミ、写真、イラスト展）を1週間ほど計画した。

Exchanging! A Trial of The Subculture

アメリカ夏の陣 2

■1974年6月20日（木）発行■第2号■1部10円■発行所：プレイガイドジャーナル■大阪市北区東田町34池田ビル TEL.06（363）2914

ONE HAMBURGER A DAY!

基礎生活編

食事

外食その1

外食その2

ただめし

自炊その1

寮での食事契約

気候と衣類

交通機関

ヒッチは要注意

「アメリカ夏の陣」新聞（1974年7月）

次いで、全参加者に情報新聞を発行した。

5月15日発行の1号は旅行概要と森喜久雄、田川律の寄稿。6月20日発行の2号では、生活ノウハウ（食事、気候と衣類、移動のための交通機関）を特集した。出発間際の7月20日発行3号では、滞在期間中に開催される音楽、映画、美術などイベント情報やそれらの会場など。また大学と宿舎周辺のくわしい地図と、飲食店、レコード店、書店、衣類などショッピング情報をＩＳＡに協力してもらって掲載した。

そのころ所用で渡米した森喜久雄がロサンゼルスからバークレーに足を運んで、現地の旅行期間中のイベント情報を集めてくれ、また我々のやるイベントの告知ポスター「SUMMER OFFENSIVE　夏の陣」を街に貼ってくれた。

そのポスターの横には、諏訪之瀬島をレジャーランドにしようと計画したヤマハに対して反対運動をやっていた詩人のナナオ・サカキが、ゲーリー・スナイダーやアレン・ギンズバーグらに呼びかけて開く「SAVE WILDERNESS ISLAND　詩の夕べ」のポスターも並んでいた。国を超えた同時代の動きに並んだこともうれしかった。

後年、２００１年に僕はビレッジプレスで山田〝ポン〟塊也『トワイライト・フリークス――黄昏の対抗文化人たち』を出版するのだが、彼もまたこの諏訪之瀬島を企業の暴力から護ろうと行動していた一員だった。その本にはゲーリー・スナイダーは推薦文を寄せてくれている。

６月15日、ＹＭＣＡ大阪講堂で前夜祭を開催した。夏の陣参加者でフォークシンガー武部行正の歌や森喜久雄のフィルム上映、田川律のトークを組んだ。加えて、『何で英語やるの？』（午夢館刊）を出版したばかりの中津燎子がゲスト出演してくれた。中津燎子は林信夫が少し前に知り合っていていいタイミングだった。彼女は、英会話のポイントについて、「こと英語の話法に関しては、発声法、呼吸法からはじまって、イントネーション、アクセントにいたるまで急転直下にわめけ！　という学校英語のセオリーで育ってきたものにはびっくりする」ような簡単明瞭なアドバイスをしてくれた。旅行参加者には実り多い集いになったと思う。

まったく予想外に、ずいぶん反響があったし、日を重ねる毎に旅行参加者が増え、最終的には69人になった。

大人数、長期間、外国での滞在に僕がさすがに心配になり、大きな責任も感じた。もちろん旅行エージェントであるＩＳＡは信頼に足る態勢をもっているだろうが、我々もケアする態勢を立て直そうと考えた。頼りになる田川律、年長の松田一二、それに村元と編集部から渡邊仁、辰己康雄を加えた。（他にも編集スタッフの玉野井徹、谷村有理が参加。森喜久雄は独自にアメリカ入りした）

7月30日〜8月27日、29日間の旅行は幕を切って落とされた。

羽田空港ノースウエスト出発カウンター前にはみんなが続々と集合してきた。無事に全員がジャンボ機に乗り込み、見渡してみるとみんなおもいっきり楽しそうだった。楽しんでやろうと顔が輝いていた。それらみんなの明るい表情がやっと僕に安心を取り戻させてくれたのだ。実はここまで来るのには不安でいっぱいだった。参加者の温かいまなざしや心配りがどれ程力強い励ましになったか。この出発時の機内のシーンが今でも忘れられない。

笑い話を一つ。

ホノルルで入国。ＩＳＡ大阪から出発時に現地事務所に届けてほしいと、風邪薬や胃腸薬を紙袋にいっぱい入れて預けられた。何の気なしにそれを提げてイミグレーションを通るとき、係官に「それはなに?」と聞かれた。「エ!」、まったく気にしてなかったし不意を突かれたので「ドラッグ」と答えたら、「ナニ?!」と係官の顔色が変わった。横にいた誰かが「メディスン」と言ってくれてことなきを得たことだった。

サンフランシスコ着。次いでバスでバークレー入りし、宿舎のレジデンス・アーマンホールに入った。

本誌10月号に載った記録から引用しておくと、

〔参加者は男44人、女25人。半数の学生と、ちり紙交換業、主婦、バーテン、小学校の先生、音楽家、デザイナー、会社員、中学校の英語の教師、ダンサー、照明家、保母、元プロダクションマネージャー、プロモーター、舞台監督、ルポライター、音響設計家、レコード会社員、CMカメラマン、音楽評論家〕たちだった。

宿舎に着いて最初の夜、部屋割りも終えてから全員で集まった。これから1か月の生活をするうえでのオリエンテーション、自己紹介、個々人の目的や希望、楽しみ方などを出しあった。何とも多彩な人たちの集合だとあらためて思った。

イベントは翌日から10日間にわたって実施した。

糸川燿史から預かって持参した出展作品（日本の田舎の祭の写真）は大学構内のスチューデントユニオンロビー壁面で展示した。その他の持参したミニコミ・出版物や写真、イラストはスチューデントユニオン前広場に並べた。この期間の西海岸は快晴続きで野外は申し分なかった。横では四六時中歌や演奏、人形劇などが途切れなかった。集まってくる人びとも多く、出展物を手

アメリカ夏の陣野外展（UCバークレー　1974年）

にとって見たり、それを機会に話しかけたり、一方では事前に用意したアンケートを配るルポライターがいた。帰ってから記事を書く計画があったのだ。

予想通りこのイベントが人びととの現地交流をうながし、異文化は異文化としてありながら、とりあえずの垣根を外して、同時代の若者同士の話し合いや微笑みがあった。時には彼らは宿舎まで押しかけてきて雑談したりもあった。

イベントファイナルは、インターナショナルハウスで実施した。そのころには多くの観客を集めることができたし、現地に滞在していた日本人も集まった。

4月にグアムで別れてロサンゼルスに住み、パフォーマンスの修業中だった北京一もバークレー入りし、再会を喜びあったが、さっそく出演してパントマイムを演じてくれた。ツアー参加者のミュージシャン武部行正、北垣正則、豊田勇造が歌と演奏をやってくれて、現地ロックグループの出演もあった。またフィルム上映などを楽しんだ。

ところでバークレーの風景はどうだっただろう。

1974年、大学を中心にした街全体がコミュニティの雰囲気に満ちていて、構内やストリートは毎日がまるでヒッピーの祭典のようだった。ベトナム和平協定が結ばれ、アメリカ軍がベトナムから撤兵しつつあったが、街にはまだまだ反戦運動の余韻は残っていた。

かつて味わったことのないような自由な気分に僕らはたちまち溶け込んでしまった。僕は近くのガレージセールで中古ジーンズを求め、薦められたアディダスの「TOBACCO」を履いてどこまでも歩いた。大学のサザンゲートから南へ延びるテレグラフ通りには、カリフォルニア・オレンジを目の前でしぼるジュース屋台や手作りのバッグやベルト、アクセサリーを売るストリートベンダーが並び、さらには特徴のある書店、レコードショップ、自然食レストラン、酒の売っていないマーケット、バーガーショップ、喫茶店が並ぶ。バークレー・エコロジーセンターやコピー&プリントハウス、インドショップなど興味深い店で時間を過ごした。

「The People's Yellow Pages」「THE MASSAGE BOOK」「ECOLOGY」「More Joyof Sex」「The Cosmic Bicycle」、新聞や雑誌では「Berkeley Barb」「San Francisco Bay Guardian」「The Village VOICE」「San Francisco Chronicle」「CITY」など、時代の気分を味わえる本や雑誌・新聞はかなり買ってしまった。アメリカの若い世代のライフスタイル、時代を映す記事、それらを集大成した出版物はどこまでも興味深いし役立ちそうだった。

特に「CITY」はイベント情報誌として興味深かった。例えば、映画は「FILMS A-Z」とベイエリア映画館リスト、音楽も「MUSIC A-Z」とベイエリアの会場リストのページに分かれていて、各映画タイトルには（上映映画館番号）、各ミュージシャン名には（出演会場番号）が出ていて、目的がはっきりした読者には見やすい構成法に感心したりした。

夏の陣参加者はずいぶんコンサートに出かけたようだった。僕も合間をぬって、歩いていけるクラブ、キーストーンのジェリー・ガルシアとマール・サンダースに誘われたりした。広い会場が満員でノリノリにのって、いつ始まるともなく始まり、いつ終わるともなくいつまでも演奏が続いた。

森喜久雄もロサンゼルスからバークレーまで会いにきてくれた。弟の森英二郎も夏の陣参加者で、旧知の何人かで一緒に森兄弟の姉夫婦がサンフランシスコに住んでいたので家に訪ねることになった。彼らはサンフランシスコ空港に着いたとき出迎えてくれていたのだ。

歓待してくれ楽しい一日を過ごした。工房併設のような家で、何でも手作りをしようとする若いアメリカ人の生き方、また健康志向など、義兄ブライアンは未知のライフスタイルを垣間見せてくれた。初めてウォーターベッドなるものを体験したのもここだった。

サンフランシスコには何度も出かけた。高速鉄道のＢＡＲＴが往復の足だった。ケーブルカーやユニオンスクエア、テレグラフヒルなど知った名前の場所は訪れたし、ヒッチハイクで帰ったりもした。乗せてくれたキャンピングカーの運転手はお礼にあげた5円玉をずいぶん喜んでくれた。思えば良い時代だったのだ。

バークレーの街では、シャボン玉を吹いてまわっている女性がいた。街の人にはおなじみの天使なのか、行き交う人びとに目で挨拶を交わしていた。マーケットにはビールとワインだけしかなく、ハードな酒は大学周辺では売ってなかった。それでも酔っ払って座り込んでいるのもいた。ぼろぼろのジーンズで裸足で歩く人もいた。

2冊の写真集が手元にある。Richard Misrachの『TELEGRAPH 3 A.M.』では、72年のテレグラフ通りでたむろする人びとをとらえていた。そこにはシャボン玉の女性もいた。テントで寝る人、シュラフに潜り込んでいる人、何とか宿に潜り込んでベッドで寝るカップルなど、各地からこの街に流れ込んできた若者を正面からとらえていた。

合同写真集『people's park』には、広い空き地を人びとが整地し木を植え、ベンチや花壇を作って人びとの憩いの公園にしたが、69年の大学闘争や街の反戦運動を警察が鎮圧するために、道路は封鎖され、催涙弾や火炎瓶が飛び交う中で公園もまたフェンスで閉ざされてしまった。そんな記録が生々しく描かれていた。

夜はたいていは静かだった。僕らは気のおけないメンバーで一つの部屋に集まって音楽を聴いた。床に座り込んだりベッドに腰かけて、壁にもたれてすっかり身体の力を抜いて音の森に分け入った。エリック・クラプトンの『461オーシャン・ブールヴァード』を何度聴いただろう。突然大の男がシクシク泣き出したりした。子どものころを思い出したという。でもたいていはみんな小さく笑ったり、ずいぶん陽気になるのだった。そんな夜を何度も過ごした。

圧巻はアラメダのフリーマーケットだ。大学のサウスゲート前からバスでオークランドまで向かった。会場はスタジアムを使っていて、広大なスペースに出店者は車で一画を占めて持ち込んだ物をのんびりと販売するのだ。とうてい全部の店や品物を見てまわることもできない。西海岸は雨が降らない。その気候がどれだけ野外のイベントを楽しくしていることか。

一方、ニューヨークやメキシコ、カナダまで出かけたメンバーも無事帰ってきて、予定通りそろって8月27日羽田に帰着した。

自分の道を決めて歩みはじめる人たちもこの夏の陣ツアーに参加していた。それぞれアメリカで若い世代が自由に行動し、街を形づくっている様子を見ると、力づけられたことだろう。

クリエイト大阪（東京）で舞台監督の道を歩みはじめた大塚照信と玉虫豊、スタートしたころだったかイベンター「夢番地」の善木準二、「マクランサPA」もまたこの年が出発だった林正史、現地をくまなく取材して文筆業を本格化させる落合誓子もいて、そのことだけでも夏の陣が意味があったのであればうれしいことだ。

本誌関連では、「COCO & KINTA」を連載中だったCOCOこと高橋秀夫、帰国後まもなくして編集スタッフに飛び込んできた浦野成治、そして松下敏郎がいた。

ツアースタッフだった辰己康雄は宿舎内の深夜パトロールを買ってでて、ややもすれば無法地帯になるのを抑えたし、渡邊仁は元気を得て帰国後『神戸青春街図』の編集を推進した。

大いなるカルチャーショックを味わった。誰でもこれらの体験をしたあとでは、日本でもやってみようと考えただろう。僕は本誌11月号から「質素な生活のためのフリーマーケット」の誌面をスタートさせた。それまでのミニコミ紹介だけだったのを預かって販売まで取扱うことに踏み込んだり、レコードや公演チケット、海外エアチケット情報、読者による物々交換・求む譲るなど、もっと生活の方に踏み込むべきだと、新しいライフスタイルを提案し、情報を載せようとした。それには、74年1月から生活カタログ誌へチェンジした「だぶだぼ」が先行していて目標になった。

誌面で告知して通販するやりかただったが、ミナミに事務所を移した76年からは壁面の棚で販売を開始した。ところが79年に大阪で、アラメダ・フリーマーケットと同じようなことを大きな広場でやりはじめたのを知って驚いた。リーダーの浅野秀弥もまた同じ体験をしたのだろう。その日本フリーマーケット協会は現在も健在だ。その後には第二の団体も誕生した。ＦＭ１０１という名で、中心になったのは佐々木慶久だった。彼はアメリカ夏の陣のきっかけをつくってくれたＩＳＡのスタッフだったが、自身の事業をスタートさせたのだ。

僕らは雑誌という形でコミュニティを持っていたが、場所、スペースという形でのあり方も考えさせられた。森喜久雄はアメリカ時代の体験があって、70年に帰国後モリスフォームという形で実現させていた。72年にオープンした京都のほんやら洞もそうだろう。

イベントスペースであり、情報センターであり、本やレコードやフィルムが並んでいるし、壁面にはメッセージカードが貼りつけられている、もちろん、そこにはコーヒーと音楽がある、そんなスペースをバークレーでは少なからず見つけた。中にはノンプロフィットを宣言する組織であったりしたが、そんな制度があることを初めて知ったのだった。それは現在のＮＰＯのことだろうが、それらを若い世代や街の人びとが支えていた。

しかし大阪では、モリスフォームはイベントスペースとしてはもう活動がむつかしくなっていて、森喜久雄や森英二郎の表現と出版に活動の比重を移行せざるを得なくなっていたし、この年一緒にツアーした山野優子も前年73年から無減社というスペースをやっていたが、春にはすでに苦戦を強いられていたようだった。このツアーがその後の活動のパワーになったかどうか。

自身の表現者としての活動とスペースを運営し維持することの両立はもちろん困難な挑戦であるが、自主企画にしろレンタルにしろ周囲の協力者と、加えて街や制度の支援が必要だと思う。しかしこういったことに大阪は一貫して冷たい町なのだ。

翌年75年7月には第2回目の「アメリカ夏の陣」を実施した。

この年は75人が参加したが、飛行機は2便に分かれた。全員がそろってから宿舎の大学寮プリストリーホールでオリエンテーション。皆さん、もうすっかりノリノリだった。

僕にとっては2年目になりすっかり知った街だった。翌日にはさっそく何人かを誘って田川律とでなじみの店に行ってエスプレッソを飲んだりした。

この年もスチューデントユニオンのロビーを1週間借りられたのでイベント展示を実施した。見学者も続々増えていったが、雑誌や本、ポスターが人気で品切れになってしまったのは残念だった。気前よくプレゼントしすぎてしまったのだ。

大学の向こう側にあるグリークシアターでスティーブン・スティルスのコンサートがあったので、ここも歩いて出かけた。ゲストにニール・ヤングが出てずいぶん盛りあがった。野外コンサートでは、入場するとき手の甲にスタンプを捺されてうれしかった。春一番コンサートもそのやり方を取り入れている。

　ロサンゼルスに滞在していた日下潤一に電話すると、バークレーに会いにきてくれた。このころは本誌のアートディレクションは山口由美子に移っていたが、骨格は彼が作ったのだ。再会を祝してキーストーンにみんなで集まった。

　メンフィスで音楽修業中だった石田長生がやってきて、仲のよかった友人らと再会を楽しんでいた。

　僕は2年目の余裕でのんびりできた。フィルムアーカイブでスタン・ブラッケージの特集をやっていたのを見たり、少し遠出してゴールデンゲートブリッジを渡ってサウサリートまで、フィッシャーマンズワーフなどを観光した。

　書店でみつけた『Whole Earth Epilog ; access to tools』（1974　Penguin Books）も買った。あの「Stay hungry. Stay foolish.」が裏表紙に載っていた。アップルのスティーブ・ジョブスの言葉だという。当時の僕には未知の世界だったパソコンだが、85年最初に買ったMacintosh SE30から急速にその世界が広がり、スティーブ・ジョブスはずっと近い存在になった。また裏表紙に「We can't put it together. It is together.」が載った『The updated Last Whole Earth Catalog ; access to tools』（1974　Random House）もなんとか手に入れた。いずれも「プレイガイドジャーナル」や「青春街図」に携わる僕らにとってはバイブルだった。

　この年の参加者から思いつく人々を少し挙げよう。

　ダリヒゲ工房を経てプロペラ・アートワークス社の江並直美、ボブ・ディランを撮った写真家勝山泰佑、「ニューミュージックマガジン」編集部を経て音楽評論の北中正和、あしたの箱オーナー熊谷〝呑〟信夫、ノルトブリュッケ版画工房の栗岡孝於、関学アメリカンフットボールの大司豊一、のちにレコードショップＬＩＯＮを開いた田中〝ジェシー〟増穂、２年連続参加の舞台監督の玉虫豊、クリエイト大阪の木谷牧子、のちにサルサのオルケスタ・デル・ソルのボーカルで活躍するタイロン橋本こと橋本〝ガルシア〟俊一、プレイガイドジャーナルスタッフだった田中久美子と友人中山まり子、ハローアゲンスタジオの諸戸美和子。ツアースタッフは田川律、山口由美子、森晴樹、村元武だった。

すっかり仲良くなったメンバーと、最後のバークレーの一夜、一室に集まってお別れパーティーが始まった。僕は気持ちよく酔っ払っていたら、突然合図とともにみんなに取り囲まれてビールを頭からぶっかけられた。びしょびしょになったが思いっきりうれしい洗礼だった。

アメリカ夏の陣75を終えて、その秋、訪ねてきた日通旅行社と会った。同社とは73年にパリツアーをやっていたが、また一緒にどうかという提案だった。当時は怖いものなしというか、失敗することを怖がってはいなかったし、何でもやってみよう、何でも経験だと考えていたのは確かで、本誌の広告になり、誰かスタッフがフリーで行ければＯＫだった。

翌76年３月にパリ、ロンドン、マドリッド３都市で16日間滞在する企画をたて、「ヨーロッパ春の陣」と名づけた。ユーレイルパスか列車で自由に移動し、宿舎は確保するようにし、アメリカと同じように町の地図や各地のイベント情報を収集した。結果的にはアメリカほどの盛り上がりはつくりだせなかったが、ツアースタッフで林信夫が参加して編集からひととき離れて気分転換になったので、それはそれでよかったと思う。

「フィルムワーク」（75年1月から）と映画上映

60年代後半はフランス映画、ヌーヴェルヴァーグの時代だった。ジャン＝リュック・ゴダール、フランソワ・トリュフォー、アラン・レネ、アニエス・ヴァルダらの映画に僕は酔いしれていた。新しい映画、新しい時代の映画が生まれ、同時代でそれらを鑑賞している幸福感。それらと共に日本の映画雑誌もずいぶん魅力的だった。ATG（日本アートシアターギルド）の提供する映画は何でも見たし、「映画芸術」「映画評論」、なかでも「季刊フィルム」は大好きな雑誌だった。「季刊フィルム」の発行元フィルムアート社・奈良義巳の知己を得たのはいつごろだったろう。ずいぶんうれしかったことと思う。74年4月には渋谷ジァンジァンでの打ち合わせの際、四谷のフィルムアート社を訪ねた。その時、渋谷パルコで開催する「粟津潔映像個展」を大阪でやらないかと勧められたのだ。「季刊フィルム」や大阪労演機関誌の表紙デザインをやっていたあこがれの粟津潔の映画会ができるのだ。一も二もなく決めたのだった。

「粟津潔映像個展」は74年5月、毎日国際サロンで開催した。そしてこれが僕の映画会主催の最初になり、翌年75年から「フィルムワーク」シリーズとして頻繁に上映することになった。新しい映画や映画作家・監督はどんどん生まれてきていた時代だった。彼らを奈良義巳はずいぶん紹介してくれたしフィルムも手配してくれた。会場は、月一の三越劇場を、2年目のニコニコンサートと隔月交替で使うことにした。

75年の「フィルムワーク」は1月から「田名網敬一シネマデモンストレーション」、藤沢重夫監督『バイバイラブ』、グループポジポジ・後藤和夫監督『ハードボイルドハネムーン』、東陽一監督『サトリ』、「アンダーグラウンドシネマ新作展」、「アンダーグラウンドシネマ新作展・続」と途切れず開催した。

この連続上映会で「アンダーグラウンド・センター」（「イメージフォーラム」の前身）や若い世代の自主制作映画監督の知り合いをどんどん増やしていった。もちろん「プレイガイドジャーナル」が力を入れていた映画の自主上映活動との相乗効果もあった。

ところで、奈良義巳と知り合い、仲間に粟津潔や寺山修司、中原佑介、今野勉、松本俊夫らがいることも知った。そのフィルムアート社は寺山修司著『田園に死す』を刊行したばかりだった。

奈良義巳から今度は寺山修司のイベントをやらないかと勧められた。天井桟敷は69年の『時代はサーカスの象にのって』（ルナホール）、72年5月の『邪宗門』（サンケイホール）以来だった。『邪宗門』は笠井やすみが企画して僕らが協力する形だった。

フィルムワーク「田名網敬一シネマデモンストレーション」（1975年1月）

75年5月に実現した寺山修司のイベントは、映画と詩と音楽の構成舞台「寺山修司のイメージ大気球」だった。寺山修司の自作詩朗読とかジャン・ジュネ監督作品『愛の詩』、J・A・シーザーの演奏など多彩なイメージで毎日ホールを彩った。

当日会場でリハーサルをやっているとき、その厳しく怒声の飛ぶ演出法を横で見ていた僕に、寺山修司が「雑誌はまだまだ広がるし、組織も力がつくよ」と言ってくれた。「まだまだです」とか返しながらもずいぶん力づけられる思いがした。

フィルムアート社は同時開催で寺山修司幻想写真館「犬神家の人々」を企画したので、僕らはそれを心斎橋パルコに提案した。心斎橋パルコは6Fスタジオで文化的なイベントや展覧会を開催していたので、可能性を打診したのだ。OKが出て、毎日ホールの「寺山修司のイメージ大気球」と同時期に1週間開催した。それは寺山修司の創りだす虚実入り交じった不思議なイメージ展だった。

アオキ・プランニングの青木誠が72年に雑誌「都市音楽」を創刊して以来、毎号「プレイガイドジャーナル」と雑誌交換を続けていたが、彼からドイツのジャズミュージシャンのコンサートをやらないかと言ってきた。そして75年3月に実現したのが「マンフレット・ショーフ・セクステット＋山下洋輔トリオ」(毎日国際サロン)だった。マンフレット・ショーフはドイツのフリー・ジャズの第一人者で、山下洋輔とはヨーロッパで共演していた。司会は油井正一。

ところで、この公演の時に再会したのが大阪ドイツ文化センターのエルマー・ブラント館長だった。「プレイガイドジャーナル」創刊前後に、大阪労音時代から懇意にしていた音楽評論家佐藤義則が雑誌運営でいろいろアドバイスしてくれたし、紹介してくれたのがエルマー・ブラント館長だった。

大阪ドイツ文化センターは、音楽もだが、当時は映画の紹介にも努めていて、エルマー・ブラント館長から上映会を一緒にやりましょうと声をかけてくれた。植田陽子秘書がうまくつないでくれてそれはまもなく実現することになった。

75年10月には「マンハイム映画祭受賞作品集　告発する映像」（毎日文化ホール、2日間4プロ）を、11月には「オーバーハウゼン国際短編映画祭」（毎日文化ホール、2プロ）を開催した。いずれも歴史のある著名な映画祭で、「マンハイム」はかつて小川プロの『三里塚・第二砦の人々』（監督小川紳介）の受賞でも知られていた。

つかこうへい『ストリッパー物語』（75年5月）と演劇公演

それにしても、僕らの小さな薄っぺらな雑誌だったが毎月刊行することで、かくも新しく人びとと出会え、共同でイベントを作ることができることに驚くほかはなかった。「1970年」という政治の季節からシラケの時代に移って、無風状態がようやく立ち直りつつあったのか。我々の世代もようやく力強く行動できるようになったのか。話しあうお互いの想いが一致し、溜めた力があふれ出るように感じた。

73年8月に津野海太郎が高平哲郎を連れて会いにきた。津野海太郎は、僕らが70年の演劇センター68／70（黒テント）『翼を燃やす天使たちの舞踏』関西公演に取り組んだとき、センターの制作として来阪し一緒に協力者を訪ねて歩いた。それ以来僕らの雑誌の計画についても聞いてもらったりしていた。彼は晶文社のベテラン編集者だったのだ。

二人は、その晶文社から月刊雑誌「ワンダーランド」（植草甚一編集顧問）を73年7月に創刊したばかりで、編集の高平哲郎と一緒に、その雑誌を持って3年目に入った「プレイガイドジャーナル」の様子を見にきたのだった。

僕も何とか刊行を続けていることを話しながら、大判の「ワンダーランド」第2号（3号から「宝島」と誌名変更）を見せられて、植草甚一や林光、佐藤信、ナット・ヘントフらの本で親しんだ晶文社だ、さすがにすごい雑誌をつくるものだと感心したのだった。

まもなくその高平哲郎から林信夫に原稿依頼があったが、それを林信夫は〆切までに書けなくて、何と！　東京まで原稿を持っていったらしい。これは最近（２０１６年）機会があって林信夫に聞いた話だが、そのことで二人は知りあって、それが月刊「宝島」74年10月号「笑わさいでか！関西喜劇ド根性」（糸川燿史の写真と香川登枝緒と林信夫の協力）の特集として実現した。原稿もたまに遅れてみるのもいい、ケガの功名あり？

その後彼は、高平哲郎に連れられてＶＡＮ99ホールに出入りするうちに、つかこうへいの演劇と出会ったという。つかこうへいにも紹介された。

林信夫はこんな面白い芝居はない、何とか大阪で掛けようと機会をうかがっていたが、ついに75年5月、大阪初お目見えつかこうへい事務所『ストリッパー物語』の公演を心斎橋日立ホール（のちの南海ホール、心斎橋2丁目劇場）でプロデュースすることになったのだ。

小劇場演劇の新しいスター劇作家・演出家のつかこうへい最新作に、大阪の演劇人もずいぶん注目していた。大阪の劇団でもそのころにはつかこうへい作『郵便屋さんちょっと』が上演されたりしていたが、『熱海殺人事件』が74年岸田國士戯曲賞を受賞したこともあっただろう。

平田満、三浦洋一、根岸季衣（当時根岸とし江）、知念正文ら役者群も魅力的だったし、予想以上に評判を呼んだ。続いてこの年の11月には、3演目連続公演『ストリッパー物語』『熱海殺人事件』『巷談松ヶ浦ゴドーの戒』を大阪・島之内小劇場、京都・大江能楽堂で公演しようということになった。それは大阪3日間日替わり3演目、京都3日間日替わり3演目の全6日間ぶっ通しで、かつ最終日の夜の部はリクエスト公演というがんばりようだった。役者陣にはさらに加藤健一、井上加奈子が加わった。

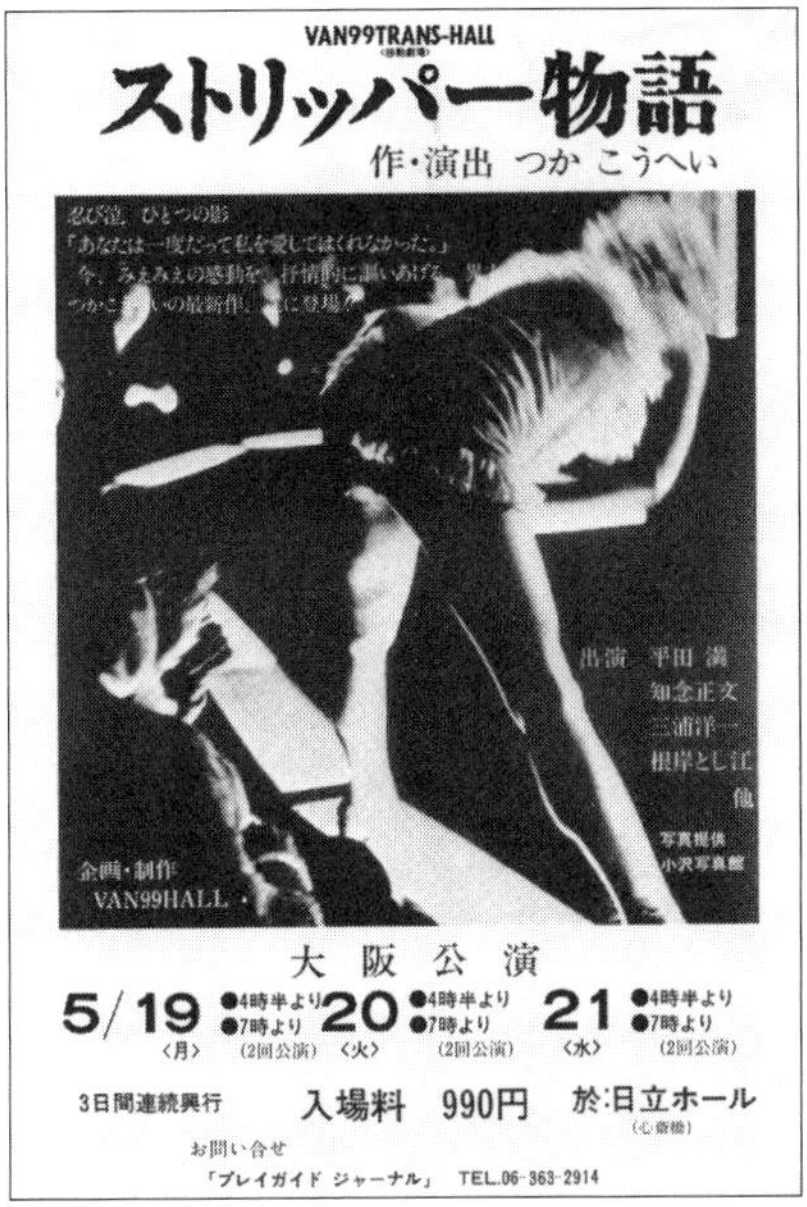

つかこうへい事務所『ストリッパー物語』（1975年5月）

時代は薄く夕暮れをひいて、闇の絶えた街頭に、しのぶ術なくたたずんでおります。

明日を味わうようにして祈っております。

——「熱海殺人事件」より

一方、毎年僕らが大阪公演を重ねてきた演劇センター68／71は、75年1〜2月に黒テント公演ではなく島之内小劇場と京都北野会館での劇場公演になった。演目は作・演出佐藤信「喜劇昭和の世界」三部作から『キネマと探偵』（前作『二月とキネマ』の二の替わり）と『阿部定の犬』だった。

この公演も力が入った。『キネマと探偵』『阿部定の犬』大阪各5ステージ全10日間と京都は全5ステージ4日間だった。それにしてもこの勢いはなんだろう。75年、劇団もパワーにあふれていたし、我々も受けて立ってひけをとらなかった。座り込んで満員の島之内小劇場で、カーテンコールに客席をかき分けて林信夫が前に出ていって、新井純に花束を手渡した。若々しいというか初々しいシーンもあった。

役者群も忘れない。新井純、斎藤晴彦、根本和史、金子研三、清水紘治、村松克己、桐谷夏子、小早川燁子、石井くに子、中島葵、中村方隆ら。

そして林信夫はぷがじゃマガジンVol.3『対談つかこうへい・佐藤信』を11月のつかこうへい事務所公演までに間に合わせた。大阪でないとできない対談ではなかったか。

昭和と映画―フィルムに焼きつけられた水銀の影として、
永遠の生命を永らえるはずだった昭和の映画が、
もし先に滅びてしまうとしたら―昭和よ、
お前という時代は、もう決して終わりはしない。

――「キネマと怪人」（三の替わり）より

島之内小劇場は、心斎橋筋の東側にある島之内教会が、西原明牧師の英断と劇団プロメテの岡村嘉隆のアドバイスも得て、演劇や音楽、演芸の公演に開放していたのだ。68年、大阪で画期的な小劇場としての運営をはじめた。ベンチ席数で150ぐらいだったか、手ごろだし、ステージや照明設備もあったし、公演する内容にも西原明牧師の広い理解があって、たちまち僕らのイベント企画の中心的な会場になった。入口に行くまでに石階段を12段ばかりあがるのだが、祝祭のムードを盛り上げるようで魅力あふれる小劇場といえた。

さて、もう一方のアングラ演劇の雄、唐十郎の紅テント状況劇場の大阪公演はというと、75年4月『風の又三郎』、75年4月には『腰巻おぼろ』を、いずれも天王寺野音内に紅テントを張っての公演だったが、こちらは松原利巳が担当した。彼は黒テント公演から編集スタッフに加わり、林信夫の演劇担当を引き継いで長く続けた。

東京の劇団にとって「プレイガイドジャーナル」はどんな存在だっただろうか。戦後の新劇隆盛時に、俳優座、民藝、文学座などにとっては大阪労演が果たした役割は無視できないと思う。大きな鑑賞組織で公演を支えた。しかし、60年代に小劇場、アングラ演劇が活動を始めたことに対しては、それほど肩入れしたとはいいがたい。

我々は逆にそんな小劇場、アングラ演劇の公演を積極的にプロデュースしたのだが、「プレイガイドジャーナル」創刊当初から活動経験のあるスタッフもそろっていた。大阪の場合、数少ないなかから会場をまず確保することが重要で、ついで日程を決め、本誌で告知し、情宣やチケット販売、公演期間のケアにもあたった。ジャーナリストの側からの批評も欠かさなかったし、もちろん劇団へは一定のギャラや経費も保証した。

訪ねてくる劇団も増えていたが、もちろん我々もどの劇団とも一緒にやるというわけではなかった。創作と媒体、働きは違うが、同じ目標に向けて、同じ地平で行動できたのではないか。

一方、大阪の劇団ではどうだっただろう。本誌創刊以来、日本維新派（現維新派）とはつき合いが深かった。74年6月『あまてらす』、75年4月『百頭女』、11月『足の裏から冥王まで』など、公演毎に自分たちのメディアのように本誌をあてにしてくれたし、公演の連絡先にも名前を出した。また本誌の表紙の絵は同劇団の大村泰久が描いたこともあった。演出の松本雄吉が76年1月号から連続して登場したことは前述したが、やはり創作と媒体で切磋琢磨しようという協力関係はあった。

モリスフォーム「さらば大阪」（75年6月）

さて、大阪での同時代史を書くうえで抜きにできないのが森喜久雄とモリスフォームのことだ。彼の次々に打ち出してきた企てがどんなにこの時代を魅力的なものにしてきたか、同じ時期に同じ場所で活動した多くの人びとが思うことだろう。

森喜久雄が5年間滞在したアメリカから帰ってきてモリスフォームをオープンしたのが70年8月だった。現代美術のギャラリーとしてだったが、「具体美術協会」の美術家、村上三郎、嶋本昭三、今井祝雄、芥川耿らの個展をやった。

71年5月には、ペーパーギャラリー「ジャム＆バター」を創刊した。これには内外の多くの美術家が作品を寄せた。僕は71年7月に「プレイガイドジャーナル」を創刊してから森喜久雄とこの雑誌に出会った。

72年1月にギャラリーをフリースペースに変えて、そこでは山下洋輔トリオや寺山修司、北京一京二らがパフォーマンスをくりひろげた。3月には総合雑誌と言える「ジスイズアペン」を創刊。72年6月には写真雑誌「グラスアイ」を創刊。発行はジャム&バター社とした。そして72年6月にはモリスフォーム・ロサンゼルスを開設し、73年8月まで1年間にわたって活動した。

フリースペースというのは、ギャラリーにしてもそうだが、発信力はあるし華やかだがその運営で収支をとるのがなかなか難しいものだ。常にスタッフ自身の本来の創作・制作活動による稼ぎで維持することになる。モリスフォームも例外ではなく、74年1月には財政上の逼迫でフリースペースを閉めざるをえなかった。

写真撮影や映画製作に携わった森喜久雄や、ハローアゲンスタジオの名でも活動していた森英二郎らだったが、場所の維持は資金面で大きな負担になっただろうし、他方フリーの感覚で人びとは集うが支え合う関係をつくることができなかった。

森喜久雄はモリスフォームを閉めたが写真誌刊行は続けようとした。74年12月には季刊「グラスアイ」をグラスアイプロダクション名で発行し、その後ロサンゼルスに移して77年1月まで刊行した。その際日本でのディストリビューションはプレイガイドジャーナル社が引き受けた。

この年75年の春一番は、天王寺野音の5月ゴールデンウィークがどこかのイベンターにおさえられてしまったので5月17日18日になった。その会場で会った糸川燿史とで、モリスフォームを閉めるらしいが、ついては何か森喜久雄らを励ますイベントをやろうという話になった。それはすぐさま実現した。また「プレイガイドジャーナル」6月号に告知がギリギリ間にあった。

6月30日、森喜久雄ラストショー「さらば大阪」（島之内小劇場）。出演は、大塚まさじ、西岡恭蔵、金森幸介、ダンスの北京一とマライカ、写真展が糸川燿史とモリスフォーム初期スタッフだった夏谷英雄。村上三郎が美術作品を出展した。森喜久雄は自作フィルムを上映した。1年間のアメリカ滞在で森喜久雄を頼った北京一は結婚したマライカと5月に帰国したばかりだった。

主催は、森喜久雄のアメリカ永住を励ます会（グラスアイプロダクション、ハローアゲンスタジオ、スーパーカイトプロダクション、オレンジレコード、プレイガイドジャーナル）。会場にはグラスアイ記念写真館を設置して来場者の写真を撮るイベントもあった。

6月に入ってから森喜久雄と話していて、モリスフォームの4年間の歩みをぷがじゃマガジンシリーズで出そうと決めたのだった。糸川燿史写真集『グッドバイ・ザ・ディランII』に並ぶ同時代の記録なのだ。彼が大阪に種を撒いて育てた木がどれだけ大きかったか、存在と活動をきちっと残さないといけないと思った。

大阪で活動する若い世代も決して順調に進んでいるわけでもなかった。演奏や歌い手、劇団、主催者や裏方グループ、ミニコミ雑誌発行、喫茶店やスペースなど各分野で活動が続けられたが、この数年でも浮沈はいろいろ見てきた。

僕らプレイガイドジャーナルもかなりスタッフを集めていたし、春一番スタッフも73年には福岡風太、阿部登、堰守、日下潤一が中心メンバーを構成し、毎年参加するスタッフも多かった。モリスフォームは森喜久雄、森英二郎、夏谷英雄を中心にして、その上フリースペース特有の表現者をずいぶん集めていた。そして、彼らは交流し、協力しあい、活動する場所を移動したりした。また競合し、勢力争いもあったし、反発しあったこともあった。「プレイガイドジャーナル」は活字メディアだけに、書いたことを批判されたり、稚拙さを指摘されたりした。僕もいい加減さを批判されたこともあった。

そんなコップの中の波風を、森喜久雄はウェストコーストから運んでくる風で吹き飛ばすような、兄貴分のような心の広さを見せて、個々の集団を交流させていた。そんな行為や考えに助けられた気持ちに何度もなった。

ハローアゲンスタジオはフル回転中だったので、森喜久雄と共同作業で編集をまとめ上げ、森英二郎と諸戸美和子にデザインを全面的に頼って、森喜久雄&ハローアゲンスタジオ編著『ジャム&バター終刊号』(ぷがじゃマガジンVol.2)はイベントと同じ日の75年6月30日刊だった。

さらば大阪　森喜久雄ラストショー（1975年6月）

森喜久雄がどんな目的でモリスフォームを開設し、どのように活動してきたか、それほど具体的には書かれてないが一端を知ることはできる。以下に少し再録してみよう。

我々が過ごしたモリスフォームは、私生活も含めたすべての時間が一体化したもので、そこに生まれたコミュニティ文化として表現があったといっても決して過言ではない。（略）モリスフォーム解散は常に始めた時より前提としたもので、ギャラリー他活動も一年ごとにその分野も変えていった。（略）続けることの意味はマネージメントの意味であり、私にはつぶすことの方に力が湧いた。

（略）

表現として、具体化として、方法論として多くのものを生み、つぶしていく行為が、創る人間の姿勢だということを信じて疑わない。（略）

私は、人間生活をより人間らしく過ごすには、やはり愛と平和と自由なのだ、と考える。

（略）

文化は世界共通のノンバーバル・コミュニケーションであり、共有できる人間表現物であり、人間と人間が国と言葉を異にする事のみで距離を置くのではなく、愛のための文化、自由のための文化、平和のための文化を築く必要がある。

（『ジャム＆バター終刊号』本文より）

75年7月10日、アメリカに発つ森喜久雄を伊丹空港で見送った。ロサンゼルスに住むのだが、そこに行くのにまずタヒチに飛び、モアイの迎えるイースター島に渡り、チリのサンチャゴで南米上陸。引き続きペルーのリマに移動してインカ文明を見てメキシコシティへ。そんなコースをとるということだった。大きな負担を承知で行くという。何ともうらやましい旅だ。前途の無事を祈った。

「フォークリポート」わいせつ裁判一審無罪（76年3月）

「プレイガイドジャーナル」を創刊する前、僕は1969年7月からアート音楽出版で月刊「フォークリポート」を編集していた。月刊から季刊に変わった70年冬の号は新たに加わった中川五郎と早川義夫との3人で編集し、11月末に完成して部数を伸ばしたが、翌71年2月になって掲載したフォーク小説「ふたりのラブジュース」がわいせつ容疑で押収される事件が起こった。

60年代末の、新しい歌と歌い手がうねるように生まれるフォークソング運動のなかで我々は、「フォークリポート」誌上やURCレコードとでレコ倫（レコード会社連合の自主規制＝発売禁止）や放送局の自主規制＝放送禁止を一貫して批判してきた。

さらには、体制を痛烈に批判する歌が人びとの間で力を持ちつつあったことが権力の一番恐れたことだったただろう。押収は新宿駅西口広場でのフォーク集会の盛り上がりや雑誌の方針に対する見せしめのようでもあった。定期購読者や全国の扱いレコード店、印刷会社に対しても警察は任意で聴取し雑誌を回収した。

我々に対しても曽根崎警察署での任意取り調べが続いた。当然ながら容疑を否認し、抗議行動を展開したのだが、その後1年以上放置されたのち起訴されて、裁判への道が始まった。被告は小説の作者中川五郎、雑誌の発行人秦政明だった（早川義夫、村元は不起訴処分）。

藤田一良弁護士の指導の下で準備万端待機し、73年5月11日大阪地裁で第1回公判が開かれた。毎月1回程度の公判で4回までは起訴状に対するくわしい説明を求めた。掲載された小説がわいせつであるという検察側の決めつけしか書かれてない起訴状に対して、どの部分、言葉、文章がどのようにわいせつか、その事実を具体的に特定せよ、というものだ。しかし、73年10月の第4回公判で求釈明は打ち切りになった。

裁判官を3人の合議制にするよう要求し、弁護士も藤田一良、熊野勝之、仲田隆明の陣容を組み、さらに特別弁護人として中尾ハジメ（W・ライヒ『性と文化の革命』の翻訳者）、三橋一夫（音楽評論家）に委嘱した。また11月には我々関係者で京都・光明寺に泊まり込んで裁判のための合宿もやって、着々態勢を整えた。

74年1月29日、第5回公判はいよいよ中川五郎の冒頭陳述だった。今回より傍聴90人を収容できる大きな法廷に移り、「プレイガイドジャーナル」でも大々的にイベントスケジュール欄に告知し、傍聴席は満員だった。

中学生の頃のフォークソングとの出会いから「受験生ブルース」をはじめとする歌作り、「フォークリポート」編集への関わり、「ふたりのラブジュース」を書いたことなど、そして「ぼくはこれからも歌い続けるし、語り続けるし、書き続けます」と公判2回にわたって意見を述べた。

続いて、74年4月30日第7回と翌月の第8回公判は発行人秦政明の冒頭陳述だった。大学時代の合唱団、その後の国際フェスティバル協会、学音、アートプロを経て、高石事務所（のちに音楽舎）、アート音楽出版、URCレコードにいたる音楽活動と、様々なシンガーソングライターとのふれあいを述べた。

74年6月7日、第9回公判で三橋一夫特別弁護人、7月2日と9月5日の第10、11回公判は中尾ハジメ特別弁護人の陳述、藤田一良、熊野勝之、仲田隆明3弁護士の冒頭陳述が続き、12月26日には検事の陳述があった。

75年3月公判では検事が交替し見当はずれなことを言いはじめたので中川五郎がかみついたりした。6月公判では弁護側証人として定期購読者だったことだけで警察に調書をとられた大学生と、フォークソング運動の初期から「かわら版」で新しく生まれる歌を紹介し続けた詩人片桐ユズルが出廷した。傍聴席は満員だった。

まだまだ弁護側証人が登場する。8月20日公判は足立正治（高校教師）と増田佑子（主婦）が証言した。終わってから裁判所の前の中之島中央公会堂で中川五郎、古川豪、ひがしのひとしらが歌った。9月公判は鶴見俊輔（著述業）、10月公判は上野博正（医師・思想の科学社社長）と続いた。

11月公判では検察側証人として、事件の発端になった高校教師が出廷し、警察に取り締まるよう届けた経緯などを証言した。

12月公判で検察の論告求刑があり、秦政明に罰金10万円、中川五郎に罰金7万円、押収誌は没収するという求刑だった。76年1月公判では弁護人被告人全員が最終陳述をおこなった。

「フォークリポートわいせつ裁判　無罪」
（朝日新聞　1976.3.29）

回を重ねてきた裁判記録は、フォークリポートわいせつ裁判を記録する会（京都ほんやら洞内）が『ごろうぼうちん』『耳がいくつあっても聞こえないはずだ（秦ぼうちん）』『早わかり号』と随時記録集を発行してきたが、残部がなくなっていたし、記録はどんどん増えていた。

僕は裁判記録をまとめて出版する必要があると思い秦政明に相談すると、出そう、印税は利益が出てからでいいから、とのってくれた。関係者の賛同を得て、原稿も集まり、まず前編にあたる『フォークリポートわいせつ事件珍巻』（ぷがじゃマガジンVol.4）を76年3月に刊行した。

まもなくの76年3月29日判決の日になった。浅野芳郎裁判長は、主文「被告人両名はいずれも無罪」と言いわたした。

終わってからの記者会見で中川五郎は、「判決の印象は？「ぼくたちの主張があそこまでわかると思いませんでした」うれしかった点は？「ぼくの小説の行間に、ぼくの性に対する考え方がよみとれ、それは若い人が自分の性について考えるきっかけになると評価された点です」」と話した。

うれしいことは重なるもので、76年4月には中川五郎の新しいアルバム『25年目のおっぱい』も完成し発売された（日本フォノグラム）。

さっそく僕らは発売記念コンサートを計画し、「25年目のおっぱい、26年目のリサイタル」（毎日文化ホール）は青木ともこ、中川イサト、松田幸一の共演で開催した。

ママもぼくも待ちくたびれてしまった
早く出ておいでよと呼びかけたいけれど
ゆっくりしていていいんだよ
うんと大きくなって　うんと強くなって
その時が来たら出ておいで

月は満月　潮は満ち潮
星は魚座にかかっている

月の魔法のちからにひかれて
おまえはいま　世界にやって来る

沖縄の海辺　僕らはすはだかで抱き合った
おまえはママの海に住む魚になった
265日の眠りからさめて
光をいっぱいからだに浴びて
はじめての声が風をおこすんだ

（作詞・作曲中川五郎「水と光」）

引き続き後編『フォークリポートわいせつ事件満巻』（ぷがじゃマガジンVol.5）も、無罪判決文までを載せて7月に刊行した。

文芸などの表現に関するわいせつ裁判で勝訴することがかつてあっただろうか。どんなに著名な作者でも芸術的に意義のあると主張した作品でも、ほとんど門前払いのようにまともに審議されずに検察の意図するままに判決は下された。51年のチャタレイ事件、59年の悪徳の栄え事件など、最高裁での判例がいまだ生き続けているのだ。

確かに無罪を勝ちとったことは偉大なことだ。しかし……、検察は必ず控訴するだろう。そうなればさらに裁判が何年続くだろうか。彼らは最後の判決は自分たちの側にあると信じているのだ。この泥沼のような年月の浪費、不条理に、被告の気持ちを思わないわけにはいかなかった。

「WOW・WOW」創刊（75年8月）

1975年5月に心斎橋パルコで寺山修司幻想写真館を開催してから少しして、心斎橋大丸宣伝部の高峯秀樹と会った。僕らの事務所にシェアしていた石田一廣の紹介だったと思う。話は、ミナミの浮揚作戦の一環でヤング向きの新聞を発行する計画がある。大丸とそごうとがバックアップする。ついてはその編集協力をしてほしいというものだった。

もう何が何だかわからないほど、イベントや制作や、関連事業がふくれあがっていた。でも、僕は編集長を代わって新しい事業に取り組んでいたのだ。これをやらない手はないと思い、「やりましょう」と二つ返事で受けた。

当初は広告代理店と制作会社が入るといっていたが、その後の話し合いと実行段階で、編集制作、配布まで全部を僕らがやることになった。つまり、やりたいようにやっていいということだった。6月に森喜久雄&ハローアゲンスタジオ編『ジャム&バター終刊号』を完成させてまもなくだったが、やはりデザイン・制作面ではハローアゲンスタジオの手を借りざるを得なかった。というか、実質的に共同制作だった。ハローアゲンスタジオも、モリスフォームが閉まったあと心斎橋に事務所を構え、森英二郎と高橋秀夫、諸戸美和子が加わって強力な布陣になっていた。

取材記事は本誌編集部全員がかかることにした。

当初は「ONE COIN CATALOG」というカタログ指向で進めたが、「WOW・WOW」の命名

「WOW・WOW」第2号（1975年10月刊）

とロゴは高橋秀夫の作ったカンプからだったか。もちろんＷＯＷＯＷ衛星放送の始まる何年も前の話である。残念ながら商標登録はしなかったが。

１９７５年8月「ＷＯＷ・ＷＯＷ」は創刊した。Ａ2版四つ折りで、開いた中側は全面イラストマップ、外面はＡ4判4ページ、心斎橋を中心にしたエリアで発見したグッズとタウン情報満載の隔月刊の新聞だった。発行元はプレイガイドジャーナル社でフリーペーパーだ。今ではよくあるが、これだけ役立つ情報が載って無料の新聞は当時は珍しく、たちまち人気が出て、毎号品切れになる状態だった。

心斎橋筋と東側のエリアが取材対象だったが、第3号の喫茶店特集は１００軒あった。片っ端から取材して回るのだ。創刊号の表紙は上田正樹の写真とインタビュー。2号表紙は、心斎橋筋通りで結婚式の披露シーンを撮ろうということになった。モデルはウェディングドレスの花嫁にはモロちゃん（諸戸美和子）、タキシードの花婿はゴンベェ（山本山権兵衛）が扮し、編集部20人全員が背広にネクタイや着物を着て心斎橋筋通りの真ん中に並んだ。道行く人がビックリ眼で見守る中、僕らは真面目だった。懐かしい表紙を載せておこう。

第1期は8号まで出してから判型をB7判に変えて13号までいった。当初はまだ御堂筋の西側は目立った店はなく、マップの視野には入ってこなかった。僕らはこの新聞の取材をやりながら急激にミナミ・心斎橋の街に分け入っていったのだった。

事務所をミナミへ移転（75年12月）

ところで、我々の組織の推移はどうだっただろう。

73年9月に株式会社クリエイト大阪、11月に株式会社有文社を設立したが、それらの実行は松田一二が核になった。さらに松田一二は、75年になって第3の会社地球館を設立する話を始めていた。会社を10社ほど立ち上げてネットワークを作りたいということが彼の持論だった。持株会社やM&Aで会社を売買するなど、株式会社を誰でも簡単に作れる時代になった現在ではよくある話だが、当時は彼の提案は半信半疑の空想話のようだった。今ようやく時代が松田一二に追いついてきたのだろう。

しかし、その転進のなかで松田一二は依然として「プレイガイドジャーナル」の編集部集団の扱いに少なからず違和感があり、むしろ大きくなっているようだった。実際、雑誌とその関連事業が大きくなってきていてクリエイト大阪での位置づけがむつかしくなっていたのだ。

松田一二は話し合いの中で、「クリエイトはお前がやれ」と言うようなこともあった。僕は、クリエイト大阪は松田一二が作った会社だし、それを僕がやるわけにはいかない、どうしても「プレイガイドジャーナル」の事業と集団が松田一二の考えている構想の中で整合性がないのだったら、むしろ僕が出るべきだろう、と答えたのだった。そのうえで、兄弟会社としてやっていけばいいのだ。

その後、この話はどんどん進んだ。編集部スタッフの意見も聞いていたが、出よう、独立しようということだった。

結局、僕はクリエイト大阪から「プレイガイドジャーナル」と属するメンバーを連れて独立することにした。一つの会社の一つの会計だったが、僕が別途1年間の会計をやって決算時に会社会計に組み込むという方式だったので数字的には分けるのは簡単だった。

さて、プレイガイドジャーナル社をどうするか。法人にするか。

雑誌会計も膨れてきていたし、書店流通の取次会社との契約や、広告代理店から入ってくる広告も増えてきていた。「WOW・WOW」の定期発行とその扱い代理店の関係もあった。

僕の気持ちで言えば、経理は客観性をもった公平な形でやっていきたかった。何もない、ゼロからスタートしてみんなの手で持ちより積み上げてきたのだ。共同体だという原点はなくしたくなかった。可能な限りそれを目指してやっていこう。個人商店やワンマンオーナーには決してしない。

そしてそのために株式会社を設立しようと考えた。会社運営に馴染まない我々の集団をなんとかそのままで法人化してみようと考えた。法人であることで、そのために客観的な数字を出すことで、それらの目的が可能であると考えた。もちろん全体の税務も個人では負担が大きかったこともあった。

編集部（中之島公園　1975年）　撮影＝川邊博史

1975年7月　株式会社プレイガイドジャーナル社を登記した。

組織的な改革は、まず専従が可能な中心メンバー8人が社員になった。そして社員は給料制にし、給料体系は年齢給にした。僕が経験した大阪労音事務局の方式を借りたのだった。もっとも金額はその7掛けぐらいだったが。生活規模は平均して年齢を経る毎に拡大していくというようなことかと思う。ある程度の年齢までは。しかしこの採用は、年を経る毎ということで、長期的な展望をあわせもつことが前提でもあったのだ。みんなはどう思っていたのだろう。

それまでは、中心スタッフは編集では一律数万円＋経費しかとらずに（とれなかった）、それぞれが関連する事業を担当してその仕事に応じたギャラを得ていた。それを8人全員が共同で事業に携わり、稼ぎは会社にプールして、給料体系に応じて受けとることにした。

当初の専従は、浦野成治、辰己廉雄、林信夫、松原利巳、村元武、森晴樹、森田裕子、山口由美子の8人で、編集、制作、販売、広告、総務経理、事業などを兼務した。もちろん、非専従の編集スタッフも大勢いたし、彼らは従来通りの方法でギャラを得るようにした。

この時点で発行部数は2万部、広告ページが15ページほどになったがまだ64ページ建てを維持していた。雑誌とぷがじゃマガジンの売り上げと広告収入、情報記事の送信（対ラジオ、新聞、雑誌）、興行（音楽、演劇、映画）、誌上フリーマーケット、旅行、単行本（青春街図）、WOW・WOW、各種PR誌編集などの事業収入がそれらを可能にした。実際、この75年は広げすぎた仕事がどっと押しよせてきて、懸命に立ち向かっていった。

75年秋ごろ、ついに事務所もクリエイト大阪や有文社と別れて単独で持とうということに決めた。WOW・WOWの取材でミナミを改めて歩きまわり、行動範囲はミナミへミナミへ向かっていった。ハローアゲンスタジオも春一番オフィスも心斎橋なのだ。

適当な場所を探しはじめ、心斎橋筋の西側・清水町、VANの販促部が入っていた江川直ビルが手ごろだったので、そこに決めた。3階建ての最上階、1階に喫茶店MONがあった。4回目の引っ越し、5度目の新事務所になった江川直ビルには12月に移った。そして29日は打ち上げ、全員参加しての忘年会。若々しく力強い、希望にあふれた、これからの広がりを実感できるような、気持ちのいい酔いだった。

76年1月号に、

〔5度目の新しい事務所に移るわけです。すべての面について固定化することを極度に嫌うプガ

ジャの体質が、積み重ねられる時間の重たさを、ある部分こういう形で砕いていこうとしている。と思ってくださってけっこうです。我々の行く末はこれからも固定と習熟の狭間に修羅場を見つけてゆくことでしょう。ともあれより便利な場所により広いスペースを持った新事務所の開設です。遊びに来てください」と、お知らせを載せた。

新事務所は予定よりも広かった。一定の数の机は使っていたのを持ち込んで確保できたが、編集部員はずっと多かった。また壁面は、扱い品がずいぶん増えていたフリーマーケットの棚として全面使いたかった。人数だけ机を増やすよりもと考えた結果、部屋の中央に卓球台を1台置くことにした。我ながら何ともいいアイディアだ。そのまわりで誰もが原稿書きや写植貼り、校正ができ、いつでも会議に移れるのだ。なによりも、中央にネットを張れば卓球もできた。

出稿やイベントや遊びで徹夜になるときは、大丸で総菜を買いこみ、深夜に腰を落ちつけて、みんなで卓球台を囲み夜食をとった。わがコミューンはいつも音楽が流れ、笑いにつつまれ、おしゃべりに花が咲いて夜が更けるのだった。

徹夜食は、北区に事務所があったころからことのほか気を遣っていた。当時は安くて量のある深夜営業店はそれほどなかった。何人か揃っては、空心町のニンニクラーメン、日本橋のカレーうどん、日本一食堂などによく通った。

泊まり込みの夜が連日続くことも多かった。みんなの中で子どももあって所帯を持っているのは僕だけだったが、3歳から10歳以上も歳があいている彼らに溶けこみ、いつも一緒に仕事をし、一日の長い時間を過ごすことを心がけた。そのためにはみんなと同じ独り者になる必要がある、

編集部（事務所・江川直ビル　1976年）
撮影＝川邊博史

との考えを実行した。

こんな考えは、家庭を持ってからの大阪労音でも、アート音楽出版でも特に意識しなかった。大阪労音は勤労者の組織だったし事務局員もほとんどが家庭を持っていた。僕は最年少の職員としての年齢のままでつきあった。「フォークリポート」編集時代は確かに多忙で事務所に泊まり込むときが多かったが、やはり雇用されたもの同士の職場ではあった。まわりにドロップアウトして歌いはじめようとする連中は多く、新鮮な人間関係を体験させてもらったが。

プレイガイドジャーナル社ではそうではなかった。多分それは僕がそのような集団を望んだのか、それが成功への道だろうと考えたのだ。若いみんなと泊まり込んで騒ぐのも楽しい時間だが、帰れば5歳の娘の父だったし、家庭での生活がまた翌日の現場に出かける気力になった。そんな二つの場を心の糧として持てたことで遠い道を歩き続けることができたのだろう。

江川直ビルの大家にはお世話になり、ずいぶん迷惑もかけることになった。夜通し煌々と灯りがついて大勢で仕事をするのはまず理解できたとしても、夜中に卓球するとは、ああ！

何はともあれ、新しい年1976年を、新しい事務所で、新しい気持ちでスタートさせたのだった。

2月1日、朝日新聞「若者」欄に登場した若者たちが集まっての懇親会が国際ホテルであった。この欄の創始者で、一貫して取材記者であって若者を応援しつづけた原田菊三郎を囲んでなごやかなひと時だった。僕も出席したが、期せずしてこの日は33歳の誕生日だった。オーバーサーティは信用するな、ももうとっくに過ぎて、「若者」欄には不似合いな年齢になってしまった。

といって、年相応の仕事をしているのか、仕事ぶりなのかを考えると、まったく心許なかった。個人的なことでいえば、エスタブリッシュメントに対してはほとんどまともに付き合えなかったし、どこに出るにもGパンTシャツでことたりた。若者の営為ということで見逃されているところで店を出しているかのようであった。「若者」を終えるとき、「若者」の振りができなくなったとき、すべては終わるのだろうか。いやいや。まだまだ行ける。行けるところまで行こうという気持ちだった。

そのすぐあとの3月頃だったたか、大阪労演事務局の尾崎宏次と夜遅く電車のホームで久しぶりに出会った。僕が大阪労音事務局に勤務の時は加藤三郎、近藤計三、大久保勝子ら労演の側と仲良かったし、指導もしてもらった先輩だ。

尾崎宏次の話で、彼の息子は高校1年生で「プレイガイドジャーナル」の愛読者だという。「純粋な若い人の心にしみ通るような雑誌を発行するように。せめて本物は何かを教えるような内容の雑誌を作って欲しい」と、酔っ払った口調の中に本心をのぞかせて熱っぽく諭された。僕は神妙にうなずくしかなかったが、そうなのだ。作る側も読者も同世代だと思っているうちに読者はどんどん年下の若い世代に広がっていたのだ。前著の『プレイガイドジャーナルへの道』を出してからも、70年代前半は高校生だったという読者がずいぶんいたことを再確認したのだった。

さて、76年4月号時点での編集陣容は以下。

井藤良子、浦野成治、川邊博史、清瀬浩代、小池一紀、阪越エリ子、辰己康雄、中原英子、秦京子、松原利巳、森晴樹、森田裕子、森本和佐子、山口由美子、余田《よでん》守、編集長・林信夫、発行人・村元武。

クリエイト大阪　松田一二、松崎龍彦、橋本義郎。

東京勢　金一浩司、山田修、大橋誠仁、谷口博昭、大塚照信、井出悟、玉虫豊、大山修二。

有文社　山田一、山下誠、渡邊仁、三木学、辻田東洋雄。

1976年7月号（絵＝森英二郎）

1977年9月号（写真＝糸川燿史）

1978年5月号（写真＝森喜久雄）

1979年2月号（絵＝ネオン・パーク）

第2章 盛夏の清水町

1976年7月～1980年2月

編集長＝山口由美子

増ページで特集・デザイン・表紙ともに充実

75年10月号「編集雑記」で林信夫編集長は、編集部内での「ヘゲモニー争いは熾烈をきわめる闘い」になっていると書いた。20代前半組と女性組とバークレー帰りのライフスタイル派の台頭をあげていたが、実際にはそうではない、年長の20代後半組のヘゲモニーは強いものがあるのではないかと前述した。

しかし、翌76年2月号を出稿してから林信夫が「もう引き出しが空になってしまった。編集にリアリティが持てなくなった」と言ってきたのだった。

76年3月号でみると、本文64ページ建てを維持していて、そのうち本文広告が20ページ入っていた。一方でスケジュール情報は増えるし連載記事の提案も毎月ページの取り合いの様相を示している実状があった。特集を組むことはおろか、編集後記のスペースもないのだ。これでは彼も腕の振るいようがないとも言えた。

僕が編集長を離れて関連事業を広げていることも彼の刺激になっただろう。彼が取り組んだ75年5月のつかこうへい事務所『ストリッパー物語』公演の成功はそれに拍車をかけたことと思われる。編集長よりもプロデューサー志向がどんどん強くなっていた。

3月、彼がヨーロッパ春の陣のツアースタッフで参加して帰ってから、新しい体制に向けて動き出した。すでに組織を法人にし、新しい事務所に移転したわけで、心機一転する要素はいっぱいあった。

76年7月号から編集長を山口由美子に交替することを決めた。そして林信夫は村元とともに関連事業の開発に取り組もうということになった。

また、4月号から本文を16ページ増の80ページにし、定価は100円で据え置くことにしていた。印刷部数は2万部程度だったか。毎月増部数していたころだった。

7月号で、山口由美子は独特の言い回しで新編集長としてのメッセージを発表した。


雑誌の編集を通してボクたちの文化を語る事、生活の可能性を探る事、それは当然ボクたちの活動としてあるわけですが、同時に、ボクたちPGJが動いていく上でのシステムの問題があります。例えば「プガジャも大きなったなあ、ちゃんとした会社になったんか」などと人に言われるともうガックリ。ああ、そんな風にしか見られてないんかとか。ボクたちは会社などという固定化された集団を決してめざしてはいないのに。

個人の生活も含めて、よりフリーな集団の可能性を試行する事、これもまたボクたちの活動の一つだと思います。

今月より、なが年編集長としてがんばってきた林信夫が実質的な雑誌編集を離れることとなりました。これは、プレイガイドジャーナルの活動がすでに雑誌だけでなく多方面にひろがってきている事を意味しています。そして、再度ボクたちの集団の持つ意味を問い直す時期だと思います。ＭＩＫＯ

増ページで少しは編集企画に余裕ができて、山口由美子は8月号から特集を組もうとした。すでに人気の出はじめていたいしいひさいち「御漫画特集」、大塚まさじ北海道ツアーを取材した糸川燿史写真集「港町にて」、大阪でネパール茶（チャイ）を飲ませるカナディアン山田育宏とカンテグランデの井上温による「ネパール」談義、そして京阪神レコード店ガイドなどが続いた。

２０１７年の現在ではすっかり中古レコード店の老舗キングコングもこのころから買い付けを始めたのだ。まだ「回陽」という店名で載っているが、その後回陽豊一は79年7月にアメリカ村で念願の店「キングコング」をもつことになる。片山〝ゴリラ〟史郎の輸入レコード録句亭、甲陽園の蓄音館（館長・三反畑毅）なども懐かしい。

編集長が山口由美子に代わったころの表紙の絵は森英二郎だった。モリスフォームを閉めてからは彼の率いるハローアゲンスタジオが後継の活動の場になっていた。メンバーは森英二郎のほかに、高橋秀夫、諸戸美和子、田中学が加わった。ハローアゲンスタジオと僕らの関係でいえば、『ジャム＆バター終刊号』を完成させ、「青春街図シリーズ」「ＷＯＷ・ＷＯＷ」も共同でとりくんでいた。本誌でも広告版下制作を担当してもらっていた。

ところが、ハローアゲンスタジオが76年8月で解散することになり、表紙絵は10月号で終了した。８月30日には解散パーティーが開かれた。

まもなく森英二郎は渡米し、帰国後の年明けからはダイヤモンドスタジオを、高橋秀夫はワンダフルスタジオを、諸戸美和子はアリゲータスタジオをそれぞれスタートさせた。

事務所は、ダイヤモンドスタジオは春一番のセンチメンタルファミリーと心斎橋で、ワンダフルスタジオはPAのZカンパニーと中津で、それぞれ隣組になった。

１９７７年4月号からいよいよ山口由美子編集長が腕をふるい始めた。とっかかりは本文80ページ建てをさらに96ページまで増ページしたことだった。1年で再度の増ページだ。本文文字の大きさは9級のままだったので、情報量・記事はずいぶん増えたことになる。それだけ編集力が大きくなってきていたのだ。本文広告は27ページを占めていた。かつ定価は据え置き。行けるところまで行こうという心意気なのだ。

増ページに対応する写植について少し触れておこう。

69年の「フォークリポート」では鉛の活字で版を作る活版印刷という貴重な体験をしたが、その前の大阪労音の機関誌「新音楽」の時代からもうオフセット印刷全盛だった。原稿とレイアウト指示用紙を印刷所に入れれば版下ができあがってきて、校正を経て印刷された。「プレイガイドジャーナル」ももちろんオフセット印刷だったが、版下は自分たちで作成することにしていた。費用の点もあるが僕は何となく写植を貼り込んで版下を作るのが好きだったし、ぎりぎりまで手元において手直しできるのもありがたかった。なかなか決まらないイベント情報を相手にするにはその方が適していた。

そのやり方では写植屋が制作の相棒なのだ。たいていは個人で営んでいることが普通だったし、印刷会社とは違って本や雑誌を作るのが好きでやっている人が多かったこともある。同人誌を作っていたころの和文タイプ屋もそうだった。

創刊以来何人もの写植屋とつき合った。小さい文字で圧倒的に字数は多かったし、文章ではな

ちっぽけタウン誌 でっかい"顔"

身近な情報で若者に共感

土地の文化 大切にしたい

プガジャ 編集長 山口由美子さん

インタビュー

「新しい世代の文化活動に役立ちたい」と話す山口由美子さん（大阪市南区の「プレイガイドジャーナル」で）

「山口由美子インタビュー」（朝日新聞　1977.9.14）

く箇条書きの情報原稿なので手間がかかっただろう、常時複数に原稿を出していた。なかでも「写植キートン」の天野昭とはよくつきあった。名前のようにバスター・キートンが好きな彼は、映画の原稿はこちらがまちがっていても正しく戻ってくるし、仕事を度外視してやってくれた。

　ガラスのネガ文字盤から1字1字文字印画紙に焼きつけていく写植（写真植字）は、その後フォントデータで印画紙に文字を焼きつける電算写植にとってかわられるようになり、しかしこの機械は高価で個人写植屋は手が出せなかったので、誰も店じまいをよぎなくされていった。

　さらには80年代中ごろからパソコンによるDTP技術でデジタルデータになってしまったのだ。僕は興味があるものだからいち早くMacintosh SE30を導入して取り組んだが、もしプレイガイドジャーナルの時代にこの技術が生まれていたら、また違った雑誌になったかもしれない。キートンはその後どうしているだろう。

印刷会社もページ数や部数が増えていったので歴代数社とつき合ったし、単行本の印刷はまた別次元の考えで数社にお願いした。

2年間のアメリカ滞在から76年10月に帰国した日下潤一が、77年4月号から表紙と目次のアートディレクションに復帰したことも朗報だった。誌名ロゴタイプも新装し、彼の意見もいれて、表紙を今までの2色刷から4色フルカラーにした。そして9月号までの6か月間を、糸川燿史のカラー写真、ポートレートで表紙を決めたのだった。

モデルは沖山秀子（女優、『神々の深き欲望』）、川崎ゆきお（マンガ家、『猟奇王』）、久墨まいか（＝マライカ、ダンス指導者）、稲田夏子（女優、『暗くなるまで待てない！』）、前田正樹（舞踏家）、村上三郎（美術家、「具体美術協会」）。この写真、デザイン、人選と、絶妙の「プレイガイドジャーナル」の顔が毎月並んだのだ。当時の日本の雑誌全般を見渡しても、誇ってもいい作品だろう。

77年10月号からの表紙には森英二郎が再登場、いずれも身近な人の肖像画を初めてのカラーペインティングで6号続けた。

78年4月号からはアメリカ在住の森喜久雄から西海岸の澄みきった景色を切りとったポラロイド写真が届いた。彼は正方形のインスタント写真をこよなく愛してMr.ポラロイドと呼ばれていた。

ネオン・パークの登場は78年10月号からだった。この世界的に著名な、リトル・フィートやフランク・ザッパらのレコードジャケットで知られていた画家がなぜ「プレイガイドジャーナル」に登場したのか。誰しも不思議がった。本誌がアメリカ西海岸で少しは知られた日本語雑誌だったのだろうか？

実は森喜久雄の交友範囲にネオン・パークがいたのだ。彼の紹介でロサンゼルスから原画を送ってもらうことになった。毎号届くのが待ち遠しく、ずいぶん好評で、79年10月号まで12号続くことになった。延長の話をする間の1号は絵が届かず、森喜久雄がポラロイドで撮影したネオン・パークのポートレートを載せたりした。

山口由美子編集長は、カラー化した77年4月号「編集雑記」に、

「今月の表紙はどないですか？ちゃんと本屋さんで迷わず買っていただけましたか。（略）表紙はカラーになるし、本文は16ページ増えるし、今月の編集部は修羅場です」とまったく気負ってなかったし、翌5月号「編集雑記」はこんな感じだった。

「4月号5月号と特集担当で走りまくったうらぼんも昨日東京から、少年たちの優しさの詰まった原稿をかかえて帰ってきました。今日は、服を全部洗濯してしまって得意のノーパンだそうです。誰もが引きずっていく青春の名残りを、そのまま断ち切って優しさだけに置き換えるよりも、焦りと迷いと夢を含めて、いつまでもその中に立っていたいものです。開け放たれた窓から五月の優しさを君に贈ります」

いい、うらぼんこと浦野成治の担当した特集とは、77年4月号の大塚まさじ「唄が旅から帰った時」ライブツアーとその後に続いたのLP『風が吹いていた』のレコーディングルポ、それに5月号

の『ブラックエンペラー』を撮ったばかりの柳町光男と井筒和幸（『性春の悶々』）の監督対談のこと。このころの浦野成治は思いっきり飛びまわっていたのだ。

林信夫と村元とで事業、企画制作がずいぶん厚くなり、毎月イベントが並んだので、それらに関連した特集を組むことも多くなった。編集部も力の入った企画で展開した。それだけのページ数も確保できたのだ。登場した顔ぶれを出しておこう。

「僕らの映画」（輩出する自主制作映画と上映・批評活動について。大久保賢一、村上知彦、大森一樹ほか）、「名なしつうしん」（てらだまりこと末永蒼生が暮らしについて対談）、「楽な芝居のつくり方」（日本維新派東京公演について。松本雄吉と麿赤児の対談、瓜生良介と亀山孝治の対談ほか）。

田川律は創刊以来変わらず常に協力してくれた。当時は『まるで転がる石みたいだった』『男らしいってわかるかい？』（ともに晶文社）を出し、音楽評論や翻訳、レコーディングディレクター、料理賄いや生活ぶりのエッセイなど、間口を広げているときだった。

77年3月には広告の掘り起こしにと、僕は田川律のつながりのある東京のレコード会社や音楽事務所、出版社など30社ほどを一緒に回って紹介してもらった。誌面でも次々に連載や特集企画を寄せてくれた。

アメリカ夏の陣77では、西海岸に滞在したほぼ半分の期間をバークレーに住む友人ラリー・ディッグスと生活と行動を共にし、「黒人たちと話し続けた14日間」ドキュメントを書いた。その原稿と写真をアメリカから送稿したのだ。山口由美子編集長は、9月号の特集分10ページを空けて待っていたが、もし原稿が着かないと真っ白になるところ、無事に間に合った。

　77年10月、大阪市立図書館で毎土曜日5回にわたって「文化（カウンターカルチャー）を探る5つの情景」というシンポジウムが企画された。片桐ユズルが歌と歌う場所の創出について、大森一樹が個人映画の可能性、田川律がロックと新しい男女の関わり、松本雄吉と日本維新派が肉体表現としての演劇、林信夫が情報誌と文化の言葉について話し、最後に林信夫が全体の総括的な位置づけをした。

　田川律はひとり東京からかけつけての出席で、その日は盛りあがり、当然のように夜は4人で卓を囲んだのだが、40年前、彼はまだ40代になったところで、30代の林も僕も若かった。

　さらに田川律の特集は78年7月号「ブラックスピリット」（『ハーダーゼイカム』の監督ペリー・ヘンゼルインタビュー。特集では他に大阪に来たハイタイド・ハリスに編集部が囲んで話を聞いたことも加えた）、78年11月号「ジャマイカへ行く」（ついにジャマイカに出かけたのだ）と続いた。

　77年11月のいしいひさいちの単行本『バイトくん』を刊行後は、山口由美子と村上知彦が意気投合してマンガ関連の特集が増えていった。主な寄稿者も含めて紹介しておこう。

　78年1月号から、「ぼくたちのまんが1　ファンタジーとSF」（西村隆、峯正澄、諸星大二郎）、「ぼくたちのまんが2　同人誌の血脈」（川崎ゆきお、小林修治、高宮成河、青木治道）、「ぼくたちのまんが3　君は三流劇画を見たか」（亀和田武、高取英）など、特集が断続的に続いたし、マンガ家の作品や川崎ゆきお、竹宮恵子インタビューなども組み込んだ。

また、79年4月号からチャンネルゼロ工房編集の連載「バナナジャーナル」と川崎ゆきお大阪猟奇軍団編集の連載「猟奇新聞」が隔月刊バトルを繰りひろげたのも楽しい企画だった。

僕は本格的に単行本出版に踏み切った段階で、出版の展開、新刊を出し続けることを考えると、単行本にまとめる目的で連載企画に取り組みたいと考えていた。編集会議で提案し、77年12月号から実現し始め、当初は井筒和幸、田川律、寺島珠雄がスタートした。

しかし、そうこうするうちにたちまちページ数が足りなくなってきた。3年連続の増ページ、78年4月号から128ページにし、そしてついに目次が見開き2ページになった。創刊以来初めてだった。

ところで、78年ごろは映画の動きに目が離せなくなっていた。力をつけた新進映画監督が商業映画を次々に撮り始めたこともあって、映画の特集が続くことになった。主な寄稿者、対談やインタビューも含めて以下に紹介する。

78年2月号から「怪奇映画との遭遇」(石田一、芦屋小雁)、「大森一樹監督『オレンジロード急行』からの出発」(松田政男、村上知彦、川本三郎)、「井筒和幸監督『肉色の海』」(西岡琢也、柳町光男、堰守)、「8ミリ映画を振り返れ」(今泉了輔、磯野好司、原将人)、『暴行魔・真珠責め』(井筒和幸監督、岡本麗)、『参佗魔里亜・ロックアウト』(加藤重二監督)。

その他にも、78年10月号「大阪新劇フェスティバル」、79年3月号「満開座」(仁王門大五郎。清瀬潤子、菊川徳之助、香川登枝緒、井上明彦)、79年2月号「レコード大洪水」(石田長生、北中正和)、79年7月号「今、自前のことばと動き」(神戸エンカウンタースクール)、79年11月号「小人プロレス」などの特集が興味深かった。

79年7月号のページ数は136ページというピークに達し、本文広告は32ページを数えた。文字は9〜10級（6〜7ポイント）と今ではほとんど虫眼鏡なしでは見えない大きさを採用していたので、情報量としては倍増した。定価は100円据え置きを守った。

そして79年10月号が100号を迎えたのだった。休刊なしで創刊以来8年3か月が経過した。しかし誰もこのことに気がつかなかった。表4の第三種郵便物認可の下に「第100号」と全長4・5ミリで表示されているだけだった。

ところが新聞社の方から取材が来はじめた。毎日新聞が9月24日付けで、「プレイガイドジャーナル誌百号迎える　地域文化〝虫かん図〟でとらえ　心は今も「ミニコミ」　変わらぬ「百円定価」に心意気」の見出し。これは中村龍兵記者。

ついで、10月20日、朝日新聞の吉村良夫記者の記事で、「情報誌「プレイガイドジャーナル」　アングラ精神貫き百号　権威や商業主義除く　小さな催し・論評のせる」の見出し。石川弘義成城大教授、田村紀雄東経大助教授、片桐ユズル京都精華大教授がコメントを寄せていた。

そして、朝日の吉村良夫記者が再度「歴代編集長に聞く」という記事を企画した。林信夫、山口由美子、村元が鼎談し、吉村良夫記者にインタビューもされ、11月13日にずいぶん大きな紙面で出た。もうこれは天下の一大事のようだった。

しかし相変わらず本誌では11月号でもそのことに触れた形跡はなかった。

歴代編集長に聞く

村元　武さん（初代）
林　信夫さん（二代目）
山口由美子さん（三代目）

新しい上方文化を
育て続け8年

変わらぬ心構え　村元さん
いまでもバイト　林さん
政治意識は薄い　山口さん

月刊情報誌
プレイガイドジャーナル

アングラ精神貫き
関西一の8万5000部

「100号　歴代編集長に聞く」（朝日新聞　1979・11・13）

ここで忘れられない出来事を書いておこう。

76年2月だったか、株式会社にして新しい事務所江川直ビルに移ったころだった。大阪府警の警備係二人が令状を持たず訪ねてきた。事務所に出入りしている者のなかに新左翼系過激派の関連人物がいるかと、ある名前を挙げて尋問された。もちろんいないと応対した。ずいぶん強い口調で尋ねられたが、自分は一応株式会社の代表だと名のると、急に態度があらたまった。法人とはそういう意味なのかと確認した。実をいうと、その人については出したばかりのある本に載せていたこともあったと思い至ったが、その頃にはもう大阪にはいなかった。まだまだ政治闘争の残り火があった時代なのだ。

また79年6月9日の朝、江川直ビル大家から自宅に電話があって、プレイガイドジャーナル社事務所の入口ドアに赤ペンキがぶちまけられている、すぐに来てほしいと言うことだった。あわてて駆けつけると、ドアやその前の床が一面真っ赤だった。イタズラか、何かの警告か、ぞっとした。思い当たることは考えるといっぱいあった。急激に組織が大きくなっているとき、競合する部分はいくらでもあったし、雑誌の記事や単行本など、表現内容で知らないうちに、編集力が未熟なばかりに人を傷つけている場合もあるだろう。小さなことと思っていても相手はそうは思わないかもしれないのだ。防御するすべは何も講じてはいなかった。とにかく、まだ誰も出てきていなかったので、一人で水を汲んできてごしごし洗い流した。跡は残って元通りにならなかったが。ダメージも容易に消えなかった。

単行本出版に踏み切り、『バイトくん』（77年11月）がヒット

この節では単行本出版について書く。そこに行くまでに「ぷがじゃマガジン」を雑誌に並行して5点を出したことはすでに述べた。続いてぷがじゃマガジンVol.6は、本誌の表紙絵を描いていた日本維新派の大村泰久のイラスト集『私、脳天気じゃあないんじゃあ、ないかと』を77年1月に出した。

その後僕が本格的に単行本に取り組もうと方針を打ち出したので、ぷがじゃマガジンはこれが最後になった。

有文社刊で続けた青春街図シリーズからみてみよう。75年12月に有文社とは事務所を別れてミ

ナミに移ったことは前述したが、兄弟会社であることにかわりはなかった。

年々新しくなる情報を更新する必要がある青春街図は、『大阪青春街図76』に続いて『京都青春街図76』にとりかかり、76年9月に刊行した。森英二郎のイラストマップはハローアゲンスタジオ時代最後の仕事になった。京都のスポットや活動する組織、ユニオンシャッフル、拾得、梁山泊、劇団芸術劇場、西部講堂連絡協議会、誇大妄想社から「メッセージ」という形で寄稿を得た。

しかし77年6月の『神戸青春街図77』では、さすがに有文社内編集部が中心になって、僕らは協力という形に引いた。渡邊仁が有文社に移って担当していたということもあった。「プレイガイドジャーナル編」の名義は残ったし、本文イラストマップはワンダフルスタジオの高橋秀夫が担当し、表紙イラストはダイヤモンドスタジオの森英二郎が描いた。

76年には有文社のもう1本、『唄が旅から帰った時』の新刊があった。これは大塚まさじが7月にやる東北北海道ライブツアーに糸川燿史と田川律が同行して、3人で歌と写真と文で構成して1冊の本を作ろうという企画だった。編集制作は有文社の渡邊仁、三木学があたり、浦野成治も協力して11月に完成した。

この本には続きがあって、できあがったら同じコースを3人で完成報告ライブツアーしようと計画していたことだ。それには浦野成治がその本をかついで一緒にまわり、ライブ会場で売りながら自分の旅泊費を稼ぎ出すことにもなっていた。

11月26日、浦野成治は出発したが、本は売れているのだろうか。路頭に迷うことはなかったのか。帰ってからの12月17日島之内小劇場での凱旋ライブは盛大に盛りあがった。

小便くさいプラットフォームが道の下にある
昼間息を殺したあの路地裏には
昨夜の女と男の黒い秘密がある
ロマンを持った男が泣いてるよ　この街で

雨が降る雨が降る　この街にも
淋しい影一つ二つ　道迷うながれ者
傘もささず行方知れず　通りを抜けると
僕もまた雨に降られ　迷うこの街で

はじめて君に会ったのも雨のこの街で
たしか想い出通りの古いコーヒー屋
冷えた体あったたかコーヒーであたためあった
今日も誰かめぐり合い　別れるこの街で

（作詞・作曲大塚まさじ「天王寺想い出通り」）

大塚まさじはこの「唄が旅から帰った時」ライブツアー後、新譜『風が吹いていた』のレコーディングに取りかかったが、浦野成治が一連のツアーとレコーディングルポをあわせて本誌77年4月号の特集に組んだことは前述した。

ところで、「プレイガイドジャーナル」が順調に部数を伸ばしていたため、76年4月から取次会社の大阪屋や地下街の売店や駅売店をとりまとめる会社と取引が可能になっていた。これで日本地図共販、柳原書店を加えて4社で書店流通が可能になった。しかし、すべての書店で扱ってもらうにはトーハン（当時は東販）と日販を通すことが不可欠で、そのために依然有文社口座を経由して販売していた。

75年秋ごろまでに有文社は発行部数を大きく見誤った本が数点あり、赤字がかさんだようだった。ちょうどプレイガイドジャーナル社を独立させて、キタとミナミに事務所が離れてしまったころだったため、様子がわからなくなっていたのだが、会社運営はむつかしい局面を迎えていたのだ。

『大阪青春街図76』発行は75年11月で、松田一二は発行人（社長）だったが、75年12月『東京青春街図』の発行人は山辺誠三（当時の社員、山田一、山下誠、渡邊（辺）仁、三木学の連名）になっていたので、この間に社長を退任したのだろう。山田一が社長を引き継いだのだ。

のちに松田一二は、社長だった75年ごろを振り返って、

〔出版の難しさを教えられたのは、この小当たりした「ヤンタンブック」と「ヤングOHOH」だった。（略）「ヤングOHOH」にいたっては、ヤンタンの二匹目のドジョウをねらって、テレビのものだからと初版4万部。あほ、ばか、まぬけもいいとこで、返品一万部。編集の仕方も考

えがないし、テレビという見えてるものの書籍はラジオのようにはいかなかった」（松田一二著『怪氣』2004年4月　アクセス・ジェイビイ刊）と悔しがった。

有文社は6人の社員がいたが、やはり単行本出版だけでは回らなかったのだろう。山田一がいつも資金面で苦労していた。

プレイガイドジャーナル編+有文社刊の青春街図は、76年と77年で大阪、京都、神戸をすべて新版にしたし、有文社に対しては可能な限り融資などでも支援してきたが、限界でもあった。

77年3月サンケイホールで民音ミュージカル『笑う怪人二十面相』（演出佐藤信）があり、見にいって津野海太郎（黒テント、晶文社）に会った。有文社の現状を話すと、新刊がコンスタントに出せないのなら1人か2人でやるしかない。毎月1冊、年間12冊の新刊を出すのが一般的だが、そのためには40～50冊企画が必要だ、などシビアなアドバイスをされた。また定価、採算、印税の計算方法など、実際の運営についてなどもくわしく聞いた。

ところで、プレイガイドジャーナル社の方ではぷがじゃマガジンを6点刊行してきて、このシリーズで継続するプランもあったが、僕はやはり本格的に単行本の出版に踏み切ろうと考えていた。「宝島」は雑誌編集形式の「別冊宝島」を刊行していたし、「話の特集」は単独著者の一般的な単行本を継続していた。先行者のモデルにはこと欠かなかった。しかし「別冊宝島」の『全都市カタログ』などは僕らはすでに「青春街図」で同様のことはやっていたという思いがあった。むしろ僕は単独の著者での一般書としての単行本をやってみたいと考えた。「話の特集」の木村聖哉からは出版のＡＢＣ、定価を決める原則などアドバイスされていた。

単行本の出版には全国書店での販売が不可欠だが、そのためにはトーハン、日販の口座がどうしても必要だった。それも、この段階では有文社を経由せずに直接取引契約をやりたかった。77年8月アメリカ夏の陣から帰ってきて、とにかくトーハン、日販の大阪支店の窓口へ日参した。有文社の山田一からも対取次の交渉術を教えてもらったし、「プレイガイドジャーナル」をよく売ってくれている書店からのアドバイスももらった。流通に必要な出版社コードは大阪屋を経由して日本出版取次協会から取得できた。

僕らは最初の出版にいしいひさいちを予定していた。いしいひさいちは75年11月号から「プレイガイドジャーナル」に登場していたが、それまでに「日刊アルバイト情報」で連載が人気だったし、大学時代の仲間たちとでチャンネルゼロ工房を作って『oh! バイトくん』を3冊まとめていた。傑作四コママンガがずいぶんあった。

著者と話し合いを続け、市販本にふさわしい内容にしようと、A5判、256ページという大部にまとめ、カバーとトビラの絵を著者に描き下ろしてもらった。山口由美子、森晴樹、林信夫が制作担当し、書名を『バイトくん』に決めた。いしいひさいちを「プレイガイドジャーナル」にひっぱってきた村上知彦と、東京ヴォードヴィルショーで林信夫が知りあって笑いに対する造詣の深いマンガ家高信太郎とに解説を依頼した。定価は650円。

とにかく初めての単行本制作・発行だった。ある書店主には「マンガはやめとけ！部数を刷らないと定価を下げられないし、一歩まちがうと元も子もなくなる」などと忠告もされた。

77年11月、『バイトくん』はできあがった。しかしトーハン、日販との契約はまだだった。ぶっ

いしいひさいち『バイトくん』
(1977年11月刊)

つけ本番で踏み切ったのだ。現物をもちこんで口座開設交渉を本格化させることにした。そこそこ売れる月刊誌を出していることが強みだったし、新口座からでないと次号からの配本が途絶えることになり書店には問題だったこともあって、ついにまずトーハンと、数か月後に日販と、取引契約が成立した。そのうえ『バイトくん』は増刷を重ねることになった。ビギナーズラックとはこのことをいうのだろう。

単行本出版には僕も力が入っていたし、思いも強いものがあるので、それぞれを少しくわしくフォローしておこう。『バイトくん』は各紙誌に書評や紹介記事が出た。

「漫画アクション増刊」78年1月10日号で川本三郎が、

「貧しいこと、女にもてないこと。東海林さだおのマンガでは〝ミジメー〟となるところが、バイトくんの場合はむしろ〝なんにもないのも結構楽しいじゃない〟とケロッとしているのが魅力だ。やはり価値多様化時代が産んだのびやかな若者のひとりなのだろう。肩書きとか社会的安定とか、およそひとが生きるうえで非本質的なことがらを、内向させひとり深刻がることをせず、笑い飛ばしてしまう現代若者のよきバイタリティといおうか（部分）」と評した。

また、山藤章二が「季評　目の散歩」で、「いしいひさいち共和国、人間洞察にすぐれた本格派、「無いこと無いこと」鋭く描く」の見出しで長い評を書いた。（朝日新聞、79年6月21日）

高信太郎が東京でおおいに宣伝してくれたし、それがまもなくいしいひさいちの「漫画アクション」連載になり、1年後の78年11月に「がんばれ‼タブチくん‼」増刊号になった。あっという間に大ブレークしたのだった。僕らはなすすべもなくただただメジャーのパワーに目を見はるしかなく、毎月こわごわ増刷し、毎週毎週出荷に励み、印刷代と印税の支払いに追われていた。ただし、メジャーの部数は一桁多かったようだが。

双葉社は続いて単行本『がんばれ‼タブチくん‼』を79年1月に刊行し、その後も2、3と続けて年に2点のペースのようだった。

僕らも『バイトくん』発行から1年以上経ったが、79年2月に『バイトくん2　東淀川ひん民共和国』を出すことになった。今回は初刷りは倍増しようと決めた。

しかしいい話ばっかりではない。春夏秋冬の4章だてにして、各章トビラに東淀川区の地図を載せた。ところが手近にあった地図をそのまま使ったものだから、地図出版社からクレームが来た。大阪支社に呼び出されて、謝り、使用料を1冊あたり5円納めることで許してもらったが、まったく予想だにしなかったことだった。地図には出版社毎に細かいネームが埋め込んであるそうな。

売れゆき好調で増刷が続くことになり、僕の業務内容が一変した。事務所内は在庫の山になった。毎週かなりの数の出荷のために大量の在庫を手もとに持つ必要があったし、毎日出荷作業に追われた。取次からの返本も想像以上に繰り返し届いた。汚れたカバーを掛け替える作業も習熟した。

たまりかねて、倉庫を借り、返本はそこで受けとるようにしたが、本の仕分けと、出荷に必要な数を持ちかえるために毎週往復することになり、何ケースも担いで3階の事務所までを上り下りした。もちろん作業は苦ではなかったし、売れる方がずっとうれしかった。

取次との取引には年に2点ほど新刊を出す必要があったが、まだ次の本を考えていなかった。月刊情報誌や「ぷがじゃマガジン」の感覚があるので、1か月もあれば本はできると思っていた節があった。

次の新刊候補に寺島珠雄を考えた。アート音楽出版の時代に、竹中労が提案したレコード企画「日本禁歌集」の1本、69年の天王寺芸人長屋のレコーディングのとき竹中労に寺島珠雄を紹介された。寺島珠雄は山王町に住んで釜ヶ崎で暮らし活動していた。

その後もつきあいが続いて、「釜ヶ崎通信」「労務者渡世」や詩の同人誌、詩集などを送ってくれていたのと、新聞雑誌に寄稿した寺島珠雄の原稿を僕は少しずつ集めていた。「現代の眼」「朝日ジャーナル」「新日本文学」「情況」「思想の科学」「新文学」など（今はもうない雑誌ばかりだが）、ずいぶん書いていたのだ。

当時の釜ヶ崎は71年から72年の何回かの暴動があったあとで、騒々しくて活気に溢れていて、社会運動をやっている活動家たちも多く入りこんでいた。その中で寺島珠雄は釜ヶ崎の状況を発信したり、仲間とでミニコミを作ったりしていた。その時の「労務者渡世」の仲間に水野阿修羅がいて、後年僕を訪ねてきて再会した。そして、1997年に水野阿修羅著『その日ぐらしはパラダイス』（ビレッジプレス刊）を出すことになる。

寺島珠雄の創作は詩が柱だった。また評論・エッセイ集ではすでに『どぶねずみの歌』（三一書房）、『労務者渡世』（風媒社）、『私の大阪地図』（たいまつ社）などの著作があり、詩人小野十三郎の評伝も「新文学」に書き継いでいた。僕らの企てに賛同してくれるかどうか、不安をおぼえながら、まず「プレイガイドジャーナル」で釜ヶ崎に関連する連載と、それを続けながら単行本を出せるかどうかを聞いてみたかった。

78年1月に会い、連載は快諾してくれて4月号からスタートが決まった。またそのとき未見の原稿の束も預かり、単行本も同時進行しようということになった。

1本にまとめるに多すぎるほどの原稿があったが、まず自由に僕が編集することになって、釜ヶ崎の社会的な状況と寺島珠雄の生き方に分けて、その間に僕の好きな詩を選んで挟んだ。幸い気に入ってくれて、編集は順調に進んだ。

装幀は本誌のデザインをやっている日下潤一に依頼することを決めていた。2月のある日、寺島珠雄に誘われて、日下潤一と森英二郎を連れて一緒に釜ヶ崎を歩いた。森英二郎は案内する寺島珠雄や街の様子を撮って、写真をもとに絵を描いた。自分の肖像が描かれるという予想外の展開に驚いたようだったが、若い連中のすることだからと思ったたか、あるいは内心うれしかったの

寺島珠雄『釜ヶ崎 旅の宿りの長いまち』
(1978年4月刊)

かもしれない。

この本が日下潤一にとって単行本最初の装幀になったが、イラスト森英二郎との組み合わせによるカバーデザインはその後何冊も生まれた。それが38年後の２０１６年に僕の前著『プレイガイドジャーナルへの道』で再現されることになろうとは。お互いにかつての本を思い出したかどうか。僕にとってはことのほかうれしいことだった。

書名は、寺島珠雄の心情を映した『釜ヶ崎 旅の宿りの長いまち』に決めた。跋文か解説を竹中労に頼もうと、これは僕も著者も同じ考えだった。依頼してからまもなく、竹中労から２００字詰め原稿用紙27枚の力作「風の街にて」を送ってくれたのは感激だった。寺島珠雄と竹中労の戦後の歩みの重なりと違いとそして友情が率直に書かれていた。以下にその一部を記して読者の興味に応えたい。

「狂疾」の同患であることには、おたがいまぎれもなかったが、少しばかり年下の私としては、まだ悟りきれぬところがあって、症状が昂進していたのである。だが、本音をいってしまえば、もはや老兵であることを、若い世代の後衛にすぎないことを、ひそかに自覚もしていたのだ。

ボルシェヴィキの尻尾を、まだひきずっていたからでもある。『共産党宣言』のルン・プロ規定を深く疑いながら、アナキズムへの飛越（感覚的にいえば陥没）を、当時の私は危ぶむところがあった。

年長の同患の出会いで、そのためらいは吹っきれた。いうならば、安堵して堕落することができたのである。

メフィストフェレス風に、寺島は私に影響するところ大であった。

（略）

〝廻転し・廻転する者の記録〟（『どぶねずみの歌』）、寺島珠雄について語ろうとすれば、かならず窮民の街の風景に回帰する。

ひょっとするといや確実に、私たちはあの戦後、人生のすべてを生きてしまったのではないだろうか？

――飢えていた、盗みもした、どん底まで堕ちた。

だが、まっとうな青春であった。

自己の生涯に、真に自由な一時期があったとすれば、それは労働・放浪の廻転し、廻転する、無宿流浪の日々の他にない。

（略）

寺島珠雄の存在は私にとって重い。私のみならず、かつて窮民の街に沈淪したなべての老兵にとって、釜ヶ崎でいま労働・放浪している彼の生きざまは、まさしく革命そのものなのである。

制度を以て制度に換えることを、すなわち革命であると信じている人は、私のいう意味に理会しないであろう。

いつか、「ガード下のごみ捨て場が隊伍を解いて動き出してくる」その日を、私は寺島と等しく夢にみる。いくつもの秩序の廃墟の遠い地平に、「詩」と表現するしかないまぼろしを描くのである。

78年4月、『釜ヶ崎　旅の宿りの長いまち』は完成した。カバーには寺島珠雄の友人で詩人・作家川崎彰彦の推薦文ももらった。

3章建て第2章の詩編のなかから短いのを1編載せる。唯一カタカナ表記だが。

ハタラクナ　ハタラクナ
ハタラクナ
世ノタメ　人ノタメニハ　ハタラクナ
酒　飲ミタイナラ　ハタラケ
女　抱キタイナラ　ハタラケ

メシ　食イタクテ　ハタラケ
オノレ自身ノタメニ　ハタラケ
ソシテオノレ自身ノタメニ　ハタラクナ
理想ヤ正義ヤ真理ノタメニハ　ハタラクナ
ソウイウモノガ
オノレヲ飢渇サセル時ニノミハタラケ
路傍ニ寝ヨ　糞タレロ
板塀破リ並木ヲ倒シ焚火セヨ
煤ケタツラデオメコト喚ケ
ワガ膝ニ頬ズリシテ泣ケ
オノレガ死ヌ時オノレノ涙ハ間ニアワヌ
ハタラクナ　ハタラケ
ハタラケ　ハタラクナ

（「伝道」寺島珠雄『釜ヶ崎旅の宿りの長いまち』より）

ずいぶん書評が出た。「50冊の本」78年8月号に載った詩人高木護の評の一部を再録する。
「釜ヶ崎、旅の宿りの長いまち―というのは著者の心情なのだろうが、詩人らしい題名である。この釜ヶ崎レポートの一冊から、ルンペン人夫でしかなかったわたし自身のちゃらんぽらんな生き様を再認識させられる羽目になった。ドヤ町で生きているのは理屈ではあるまい。しようがないから、ぶらぶらを愉しんでいるのかもしれない。そして、そこには世の中に嘘をつけなかった、自分を誤魔化しきれなかった落伍者たちが住みつくのかもしれない。」

確かに、書名を決めるとき僕も著者に「まち」は漢字の「街」「町」ではないですね、とつい確認したが、ひらがなにする感覚に感心した覚えがあった。

寺島珠雄の本誌連載「78釜ヶ崎通信」は4月号からスタートした。挿画は川上通夫。川上通夫はすでに本誌の表紙や『京都青春街図』イラストルポで絵をもらっていたが、もともとは大阪労音機関誌「新音楽」の制作で協力してもらった原口武敏の紹介だった。原口武敏は「プレイガイドジャーナル」創刊後もデパートや生命保険社のPR誌編集の仕事を僕にまわしてくれた恩人だ。川上通夫ともども長くつき合っている。

寺島珠雄は僕らの事務所にもときどき立ち寄ったが、79年7月のある日顔を見せたとき、僕が行き先をいわずに連れていったのが、天牛書店だった。道頓堀にあった店を、天牛新一郎の孫の天牛高志が引き継いで、3月にアメリカ村に移ってきていたのだ。今のビッグステップの南向かい、駐車場跡に天牛書店を開店し、広い店いっぱいに赤い本棚を並べていた。

寺島珠雄は明治大正昭和初期の詩人、アナキスト、革命神話をモチーフに次々作品を発表していたし、それが次の新刊『断崖のある風景　小野十三郎ノート』に続き、さらに『南天堂　松岡虎王麿の大正・昭和』（皓星社刊）に結びつくのだ。

古本好きを知っていたので、サプライズを図ったのだ。たっぷり時間をかけてのぞいていたが。

収獲はそれほどなかったようだった。

当時のアメリカ村は草創期で、中古レコード店キングコングがオープンしたり、新しいスポットがどんどん生まれていた。僕らはその中に事務所を構えたことで、刺激的な時代の雰囲気をすばやく味わえたのだ。

天牛書店は、その後１９８８年に緑地公園に移るが、その時にはビレッジプレス時代の僕も林信夫もその天牛ビルの４階に事務所を置くことになる。

78年6月、小杉邦夫が写真をもって訪ねてきた。初対面だったが、小杉邦夫は68年にインドからロンドンまで自転車で単独の旅を続け、『ペダルを踏んでロンドンへ—中近東１４０００キロケチ旅行』（71年　赤間関書房刊）にまとめていた。帰国後は釜ヶ崎に住んで労働と写真撮影の日々を過ごしていた。73年から78年までの、暴動こそ治まってはいたがまだまだ激動の釜ヶ崎で、人々の労働と生活、越冬闘争などの日々を記録した。また経験したドヤ火災のうち78年4月発生の生々しい映像や、小杉邦夫が私服刑事に殴りかかられる寸前までの相手を撮影した写真もあった。

写真集『泰平の谷間の生と死』は9月に完成した。

E・ストローム宣教師、西成教会金井愛明牧師、釜ヶ崎日雇労働組合稲垣浩委員長が文章を寄せたのは彼のまじめで地道な活動に共鳴されたからだろう。ブックデザインは日下潤一、力をためたシンプルな上がりだった。

寺島珠雄が「留保」も含めて書評を書いた。

〔ダンボール箱のなかの死体写真などは、こちらの胸も言葉も押しつまらせる写真なればこその迫力である。そうしたいわば暗い極点から、「団結せよ」のプラカードのもとにうたう労働者や、路地ではしゃぐ子どもたちの姿まで、（略）現代史の一断面をここにほぼ定着させた。あえて「ほぼ」と留保つきふうに書いたのは、釜ヶ崎とは切っても切れない酒と労働者との関係が、立ち飲み屋も路上宴会も酔い倒れもあらわれていないようなところがあるからで、それはやはり欠いてはならぬものだったと私には思われる（部分）〕（「社会新報」78年11月14日号）

次いで、中野正則との出会いが1冊の本を生み出した。彼は旅行代理店から独立して「インド・ネパール精神世界への旅」を企画主催していた。

76年からつき合いが始まり、翌77年5月には僕らと同じビル江川直ビルの向かいの部屋に事務所を構えた。社名をＴＩＣ（ツーリストインフォメーションセンター）にして本誌に広告を出したり、その後僕らの76年末のネパール冬の陣や77年のアメリカ夏の陣で一緒に活動するようになった。専属旅行代理店のスタンスでつきあっていた。

中野正則の次のプランはインドネパールの旅行ガイドブックを出すことだった。ついては制作や流通で協力を得たいということだった。すでに多くのツアーを組織していて独自の情報を集積していたので、それらを元に編集し目鼻が付いてきた。

78年11月、インド・ネパール精神世界の旅編『インド・ネパール旅カタログ　ライブ！』（ワンダーランド出版発行、プレイガイドジャーナル社発売）が完成した。（ワンダーランド出版はＴＩＣの出版社名）インド的混沌のなかで自分と向きあう、個人旅行でそんな世界に人々を送り出してきたのだが、役立つ本だった。

ＴＩＣとはその後何年か一緒にやったが、僕らが海外旅行を組織できなくなってからも、ジャマイカ・サンスプラッシュやバリなどの企画を続けたし、それはＴＩＣ終焉後、中野正則の相棒、鶴野龍一がアイランドを立ち上げてからも続いた。

山口由美子編集長は「プレイガイドジャーナル」本誌でマンガ特集をひんぱんに組んだ。（編集長は「まんが」を使ったが本書では「マンガ」にした）そんななかで次に刊行する単行本に川崎ゆきおがあがってきた。『猟奇王』、山口由美子の企画だった。

川崎ゆきおが「プレイガイドジャーナル」に作品で登場したのは77年4月号が最初で、その翌5月号では表紙のモデルになった。糸川燿史のカラー写真で、伊丹市の田んぼでシャドーボクシングをする勇姿が衝撃的だった。

ついで78年3月号のマンガ特集「同人誌の血脈」の座談会に出席した。同人誌発行の、どちらかといえば高宮成河、青木治道ら評論畑の出席者のなかで、一人実作の立場から重い口を開けて発言していた。川崎ゆきおらしいので一部を再録しておこう。

〔それで勝負するとこはどこやいうたら、原稿しかないんやな。生原稿のコマの一つ一つな。（略）みんなこうしゃべっとるんやけど、なんかこう、ついていかれへんねんやな。どっちかというと評論の方ばっかりやろ。こっち、ものすごう待遇悪いねんな、制作してる方はな。家帰って机の前坐ったら強いんやけどな。こういう場では弱い、ほんま弱いわ。つくづく思た。どんなパンチ出してええか、わからへんねんな。見えへんねん、相手の動きがな。同人誌からもっとええ

川崎ゆきお『猟奇王』（1979年8月刊）

人が出てきてほしい思うわ」

『猟奇王』の編集は幻堂出版・なかのしげるが担当し、制作は山口由美子と余田守だった。作品はほとんど「ガロ」で発表されたもので、村上知彦、高取英、北中正和が解説を寄せた。カバーデザインは日下潤一。

巻末にはファンを意識したなかのしげる編「少年少女猟奇の友　特製版」（幻堂出版刊）が書中誌の形で組まれ、川崎ゆきお単独会見記、きせかえセット、著者による作品解説、そして淀川さんぽと妖怪新聞社による本書の書評がなぜかすでに載っていた。

「プレイガイドジャーナル」創刊号の表紙を飾った淀川さんぽは「ガロ」では川崎ゆきおよりひとあし早く活躍して、お互い近かったのだ。

妖怪新聞社とは亀井澄夫がやっていた活動名で、映画『リョーキウォーズ』の制作にも関わっていたが、現在（2017年）は妖怪・妖精専門出版社レベルをやっていて40年間ぶれていない。

『猟奇王』は79年8月に刊行にこぎつけた。A5判、256ページ、定価は850円だった。

夢は追うもので

現実となれば
いやにリアルで
逃げとうなる

川崎ゆきお「地獄を見た男」より

発売後、本誌9月号でも川崎ゆきおインタビューなどを組み、あわせてオレンジルームで8ミリ映画『リョーキウォーズ・実録猟奇王／神戸慕情篇』（原作川崎ゆきお、監督赤土輪＝なかのしげる　製作幻活＝幻活動写真商会　１９７９年）の出版記念上映会を開き、川崎ゆきお、村上知彦もトークで出演した。

聞け忍者
月光を背に
立ちはだかる
このポーズ
わしは今
恍惚状態だ

川崎ゆきお「猟奇夢は夜ひらく」より

後藤美孝評が印象深い。

〔あのいしいひさいちを世に問うたプレイガイドジャーナル社が、漫画界最後のロマン派、川崎ゆきおの『猟奇王』をついに〝社会人〟の世界に送り込んでしまった。（略）川崎ゆきおは、ただ単にこの見果てぬ夢に生きる猟奇王を決して「風車」を「巨人」として見るドン・キホーテのまなざしだけでは描かなかった。見よ、あの猟奇王が夢と現実の背反を目の前にして「人は何のために生きているか……」と根源的な問を発する時の顔を、あれこそ「虚構」を「虚構」として識りぬいた男の悲哀の表情であり。「ロマンやで…」と喜々として異端へとかりたてる根拠なのである（部分）〕（「ニューミュージックマガジン」79年11月号）

本誌「フリーマーケット」を担当しながら僕は持ち込まれるミニコミなどをわくわくしながら楽しむ読者の1人だった。寺島珠雄が送ってくる「労務者渡世」も毎号真っ先に読んだし、亀井澄夫が持ち込んだ「妖怪新聞」も並んだ。

まだ十代だったホンヨンウンが「朝鮮語電話講座」だったかを持ち込んできたことも憶えている。「パレスチナカレンダー」もあったか。いつも少ししゃべっただけで帰っていったが、彼の活動の様子がうかがわれた。歌いはじめたころだったのかもしれない。その後1987年に僕と中川イサトとで企画した「RE-WIND」（扇町ミュージアムスクエア）に出演してもらった。

浦崎浩實が発行したマイナー系映画雑誌「ムービーマガジン」は毎号高平哲郎の俳優インタビューが面白かった。それが出るごとに預かって関西の僕らの直販店に配本販売するなど肩入れもした。浦崎浩實は自由劇場の時代もあったと聞いていたし、「ムービーマガジン」の前には「観覧車」を発行していたという。

ミニコミやインディーズマガジン、リトルプレス、マイナー系雑誌のことを書き始めると止まらなくなる。預けにきた執筆編集発行者と会って話したこと、できあがった紙面や企画のこと、それはほとんどが薄っぺらい雑誌だがその生まれる背景には力のこもった活動があり、物語があるのだ。そして単行本が生まれる卵のようなものだと思う。それらを1冊にまとめることができれば。楽しい仕事になるだろうな。

その一つに「TAG」があった。文字通り荷札型のカードに印刷されてリングで止めてあった。内容は、絵画、工作・工芸、デザイン、クラフトワーク、パズルやゲームなど趣味の分野まで、創作のアイディアがカードで集積されていた。編集発行者はTAG（安田泰幸＋百木一朗）。イメージは広がり、イラストは作る人の手や立ち位置が描かれ、作る過程、展開図、外観図など、創造力をかきたてるものだった。

77年10月、百木一朗、安田泰幸と会い、1冊にまとめようと話しあった。とりかかったが書き下ろしはことのほか難航した。実際にものを作ってからそれを絵にするのだ。2年かかり79年11月、TAG『ハンドワークノート』は完成した。B5判、168ページ、定価1000円。京阪神の関連ショップガイド（画材店、レザークラフト、布糸染め陶芸七宝、ガラス、彫金、工具金物、紙、模型、コピー、シルクスクリーン）も載せた。

30年後だが、僕はこの続編ともいうべき百木一朗の本『直す現場』（2010　ビレッジプレス刊）を出版することになる。これは「プレイガイドジャーナル」で81年1月号にスタートした連載と、僕が1995年から「大阪人」編集に携わった時代に再度連載を勧めて、前後20年間の集大成をやっとまとめたことになる。

ついで80年2月、モンスターズ『ムービー・モンスターズ』を出した。編著者MONSTERSは「モンスタージン」を刊行していた石田一のグループ。知りあった森晴樹が本誌78年2月号で特集「モンスターズ、怪奇映画との遭遇」を組んでから、次は単行本を出そうということになった。吸血鬼、ドラキュラ、フランケンシュタインなどおなじみの映画やコミックのヒーローが登場した。

石田一はホラー映画専門雑誌「FAMOUS MONSTERS OF FILMLAND」の編集者でミスターSFとも呼ばれたフォーレスト・J・アッカーマンの知遇を得ていて、巻末にメッセージをもらった。

80年2月に紀伊國屋書店梅田店が開催したブックフェア「大阪の文化を考える」では『釜ヶ崎旅の宿りの長いまち』『泰平の谷間の生と死』が並んだ。

その目録には漢字名の錚々たる出版社、岩波書店、筑摩書房、晶文社、創元社などに並んで一人、プレイガイドジャーナル社という風変わりなカタカナ名があった。どうやら出版社としてもやっていけそうな感じもしていたのだ。

3年目以降のアメリカ夏の陣

アメリカ夏の陣は3年目に突入した。編集部も読者も待ち焦がれているようだった。1976

年、この年はアメリカ建国200年という特別な年で、参加者も増えることが予想された。

1月にISAと話し合いを始めたが、どうも乗り気ではないようだった。僕らは「アメリカ夏の陣」として2年やってきたが、あまりにも自由気ままにはめをはずしてやったことが語学留学中心の社の方針とかけ離れていることに問題があったのかもしれない。あるいはこの年の特殊な状況があったのだろうか。

この時には、3月に前述した「ヨーロッパ春の陣」を一緒に実施していた日通旅行社がアメリカをやりたいと言ってきていた。また、カナディアンの山田育宏がネパールやスリランカに茶葉の買い付けに行くときの旅行社神港トラベルと僕らもつきあっていた。同社もやろうと声をかけてくれていた。

その頃にはネパールも行ってみたいと思い始めていたこともあって、結局「アメリカ夏の陣76」はISAから神港トラベルに変えたのだった。

僕は2年連続でツアースタッフを務めたので、ここは代わって編集長を離れた林信夫が適役だと思って声をかけた。待ってましたという感じだったが、100人からの参加者が自由に行動するツアーなので、林信夫をリーダーとして、スタッフに森田裕子、辰己康雄、松原利巳が同行した。

嗚呼！アメリカ建国200年
この一年を喪に服するのがきわめて有益ではないかと思う。

われわれの童心は失われ、われわれの自由は奪われ、
われわれの資源は減らされ、われわれの環境はこわされたのだから。

（ゴア・ヴィダル）

恒例の「アメリカ夏の陣」新聞を3号発行し、前年に参加した北中正和、田川律、演奏活動を始めた橋本〝ガルシア〟俊一らに原稿を寄せてもらった。募集開始して、まもなく120人になったが、この年は大学の寮は使えなかったし、なにしろ建国200年だからフライトも宿舎もなかなかクリアできなかった。

76年7月の出発は3便に分かれ、宿舎はサンフランシスコのYMCAホテルを2フロア借り切った。行動範囲がサンフランシスコ中心になったことは、西海岸ブームがいよいよ過熱する中で、プラス面も弊害もあったことと思われる。僕は同行しなかったが少し参加者を記しておこう。

大塚まさじ、明石惠（共にミュージシャン）、川邊博史（本誌のカメラマン）、藤田悦子（音楽舎からオレンジジレコードスタッフ）、山下剛史（サブ編集室からプレイガイドジャーナル社）、大橋誠仁（本誌創刊時の編集からクリエイト大阪）、中原英子（のちに本誌編集スタッフ）、木村ゆかり（春一番スタッフ）、富田雅夫（桃山大オールナイトコンサートプロデューサー）、三木由美子（「マーマレード」発行）、乾富彦（仲良しの読者）、田村多喜江（森田裕子の友人）……。

川邊博史はアメリカ滞在中に可能なかぎりコンサートに出かけ、演奏するミュージシャンをずいぶん撮影したようだ。帰国後、エリック・クラプトンなど自慢の写真と日本でのミュージシャ

ンの映像をあわせて1年がかりで編集し、川邊博史写真集『Brother and Sister!』は77年6月に完成したのだった。

翌1977年のアメリカ夏の陣は僕にとっては最後になったし、思い出深いので少しくわしく書いておこう。

この年は、前述の、江川直ビル隣組になったTICが初めての取扱い旅行代理店だった。この年は1か月の前半をロサンゼルス（宿舎ルーズベルトホテル）、後半をバークレー（宿舎モーテルカリフォルニア）で滞在するスケジュールにした。参加者は104人だった。

77年7月出発。モリスフォームを閉めてから森喜久雄が刊行を続けていた写真誌「GLASS EYE」第2期5号、日本で印刷してできあがったのを、届けるべく手分けして持ってもらった。ルーズベルトホテルはハリウッドブルーバードの街のど真ん中、観光地なので、とにかくコンサートに映画に観光にと行動する拠点という考えだった。

7月26日、僕は森晴樹、浦野成治、紀乃公子、飯田三代、加柴洋子ら森喜久雄とつき合いのあったメンバーでブランズウィックアベニューの彼の家に向かった。日本食パーティーで盛り上げようと途中スーパーで材料を仕込み、着いてまず「GLASS EYE」をおろした。

森喜久雄のアパートは中央に大きな部屋があって、人の背丈ほどもある室内プラントを育てていて、とにかくスタジオのような感じだった。帰国して秋ごろだったたか、ある雑誌を見ていたら、その部屋でタレントがソニーのJACKALを担いでいる写真の1面広告があった。確か森喜久雄が写真家の操上和美の現地撮影コーディネーターをやっていたと聞いていたので、なるほどとうなずいた。そんな絵になる部屋だった。

再会を祝し、しゃべり、食べて、その足でみんなで夜のグリフィス天文台山へ登った。これがまたすばらしい景観で、碁盤の目の灯りがつながったロスの夜景が一望の下に見渡せた。映画『未知との遭遇』でUFOが飛び回るシーンはここからだったのだ。そう、今にもはるか地平線から眼の前に音もなく一瞬で飛来してくるような感覚におそわれた。

ロサンゼルスの東方、静かな街に住んで、森喜久雄はしっかりアメリカに根づいて活動しているように見えた。しかしその後のつきあった40年間をみると、活動の拠点は日米を交互にして、ついにはバリ島に移って、絵を描くことを中心にした生涯を過ごしたのだった。

前年の参加者で、その後も仲良くしていた乾富彦がこの年は留学していたので、ロスの彼の宿舎にも押しかけた。ツアーに同行していたTICの中野正則も一緒に、ロスではよく遊んだ。マジックマウンテンに出かけて、まだ日本では見なかった宙返りコースターに乗り、立ったままで振り回されて絶叫したのも楽しかった。その様子を絵ハガキで大阪の幼稚園児に知らせて、おおいに羨ませがらせたのだった。ナンチューオヤヤ！

その後バークレーの宿舎、借りきったモーテルカリフォルニア（「ホテルカリフォルニア」ではない）に移動した。UCLAの西側にあり、やっと落ち着いた生活環境になった。参加者も三々五々移ってきた。

ところがこの年はコンサートがずいぶん少なかった。どうやらなかなか人が集まらなくて野外コンサートも中止に追い込まれているという田川律の話だった。彼は「プレイガイドジャーナ

アメリカ夏の陣参加者せいぞろい（バークレー　1977年）

ル」本誌の特集をかかえていて、ほとんど黒人の友人の家に出かけていたことは前に書いた。

映画は人気だった。何といっても『スターウォーズ』の第1作が封切られたばかりなのだ。大勢で映画館の前の列に並んだ。ジミー・クリフ主演の映画『ハーダーゼイカム』を見たときは場内で大合唱したのだった。

僕はなぜかブックレビュー誌に関心があった。単行本出版に乗りだしたところだったからかも知れない。気がつけば買いこんだ。「SAN FRANCISCO Review of Books」「BooksWest magazine」「NEW YORK REVIEW OF BOOKS」「DELAP'S F & SF REVIEW」「New York Times Book Review」など。

例によって少し参加者を紹介すると、版画家の飯田三代、事務所をシェアしていた石田一廣、本誌に奈良の情報ページを作った大谷祐康、ライターの大里恵利、パーカッショニスト奥村恵子、加柴洋子、岸本比呂志、津田展吉、中野啓子らも書いておこう。

プレイガイドジャーナルスタッフの岩国学や紀乃公子、日本から絵本を何冊も持ち込んで知りあった人にあげていた浦野成治、森晴樹、村元。そして田川律とTICの中野正則。

続いてアメリカ夏の陣78の参加者から。カメラマンの石森睦、春一番スタッフだった高井由紀子、2年連続の三木由美子、クリエイト大阪の橋本義郎、山口由美子、松原利巳と松原ひろみ。田川律、TICの鶴野龍一。

アメリカ夏の陣79の参加者から。クリエイト大阪の大塚照信と平川敬二、アフリカンダンス指導者の柳田知子、編集部から林信夫、春木宏司、秦京子。

そしてこの年でさしもの大型ツアーも終焉を迎えた。役割を終えたとも言えた。

アメリカの70年代、昂揚した60年代からは少し遅かったとはいえまだまだ良い時代の5年間、ベトナム戦争終結、ニクソン辞任、建国200年などの時期に、毎年訪れた延べ数百人が体験して持ちかえったものは決して小さなものではなかったと思う。若い行動的な参加者、クリエーター、オピニオンリーダーたち。その後の独自な活動や興味深い行き方を知る機会も多い。40年後の春一番コンサート会場で、声をかけてくれる人が何人もいるのだ。

けっこう無防備な旅行企画だったが、事故もおこらなかったし、毎年全員無事に帰ってきた。伊丹空港で3人が法律で禁じられていたモノを持ち込もうとして別室に拘束されたことがあったくらいだった。それもその日のうちに帰れたが、新聞に出てしまって心配したこともあった。

また参加者の1人が大阪有線放送で働いていて、事務所のビルの1階の喫茶店には音楽が流れていたので、ある日関連工事の時にあがってきて線を引いてやろうと言ってくれた。おかげで1

年ほど有線で音楽が流れる快適事務所になった。ラインでつながって、ミュージックやカルチャーをみんなで共有することができるネットワークは、まさにアメリカ夏の陣の置き土産ともいえた。

第1回「ネパール冬の陣」（76年12月）

梅ヶ枝町にあった紅茶専門店カナディアンの山田育宏は僕らが江川直ビルに移る前は近所つき合いをしていた。大阪で、というか日本で初めてネパール茶（チャイ）をメニューに加えた。彼は独自にネパールやスリランカに出かけ、現地では普通に喫しているチャイ（煮出しミルク茶）を日本に持ち込んだのだった。そして本誌でお茶とネパール文化について連載を始めた。僕らとのつき合いは長く、店で編集部のメンバーの結婚式をやったこともあった。

そんな山田育宏がネパールの魅力を根強く説いていたこともあって、76年になって、僕はアメリカの次にネパールをやってみようと思いはじめていた。

その頃「プレイガイドジャーナル」本誌には旅行関係の広告はずいぶん多かった。常時10社以上あっただろう。アメリカ夏の陣の扱い社だったＩＳＡ、神港トラベル、ＴＩＣ。それにトラベルメイト、スカイメイトクラブ、エルムンドトラベル、ミルキーウェイツーリストビュローなどとつき合いもあった。

かくも盛んになった海外旅行。70年代に入って、アメリカやヨーロッパを一人で自由に行動する旅や、インドなどを訪れる旅行が広がったのだ。その普及には格安航空券、帰りフリーのオープンチケットを扱ったり、小規模の旅を企画する旅行代理店が増えていた。それらが本誌に広告を載せ、集客に効果があったようだ。

これらが一斉に立ちあがる以前には、ニューライフスタイルを標榜する雑誌「だぶだぼ」が格安航空券や現地の生活情報で先鞭をつけ、東京青山の輸入レコード店、岩永正敏らの「パイドパイパーハウス」の関連旅行情報誌「パイドパイパー――国際移動のための時刻表」もあった。「オデッセイ」は格安航空券も扱っていた。

ところで、ネパールに関して役に立つ情報はまわりにいっぱいあった。ネパールのカトマンズは安いホテルやゲストハウスが多くあり、バックパッカーや登山者の長期滞在者が集まっていた。冬でも温暖で雨が少ない、などなど、面白そうな滞在型のツアーを組めそうだった。

カトマンズは、カブール（アフガニスタン）、ゴア（インド西海岸）とあわせてヒッピー三大聖地の一つと言われていたが、アメリカ西海岸の街バークレーと似かよっている一面を見る人も多いだろう。「カトマンズ」の歌が流れ、映画『カトマンズの恋人』（監督アンドレ・カイヤット）があり、植草甚一『カトマンズでLSDを一服』（76年　晶文社）なる1冊も出たところだった。

このツアー「ネパール冬の陣」はカナディアン山田育宏の協力で企画がスタートし、彼のつき合いのあった神港トラベルに扱いを依頼したが、参加者募集の段階ではTICの協力も得た。

76年12月21日出発のフライトはアジア各駅停車のようだった。台北、香港、バンコクに寄港し、1泊後飛行機を乗り換えてカルカッタに寄ってから、一行はカトマンズののどかな草原のような飛行場に降りたった。

カトマンズではダルバール広場に近いヌークホテルに本部をおいたが、広場の周辺には安宿がたくさんあったので、慣れれば自分なりのホテルに移って行動するようになった。

着いた日の夜から何人かを誘って真っ暗闇のなか街の散策に出かけた。現地にくわしいＴＩＣの水谷浩章の案内で、ヒッピー達が集まる店でカトマンズの夜を静かに過ごそうと決めていたのだ。

翌日からは広場や公園で人なつっこく話しかけてくる日本人と見まちがえそうなネパール人とたくさん知りあった。彼らによってめずらしい場所を教えてもらったり、みのり豊かな体験ができた。近くの旧都パタンまでバスで行って古い寺院を見学したり、さらに足をのばしてスワヤンブナート寺院を猿と顔を見合わせながらのぼったり、長距離バスでポカラまで行って雄大なマチャプチャリ山やそれを映す湖を堪能した。

あるときは公園で知りあって仲良くなった若者に誘われてタクシーで30分くらい、カカニの丘に上がった。目の前にヒマラヤのパノラマが広がる。どれだけ遠くなのだろう。雪の斜面を人が登っていくのが見えるようだ。日が暮れかかるまでただ眺めていた。

これらの観光と人々との交流があったとしても、自分と向きあう「精神世界」にはほんの入口だったのかも知れなかった。広場に面したインヤン茶屋を根城にして、そんな物思いに沈み込んでしまう、アメリカとはまた違った異文化を味わったのだった。

秦京子の記録（翌年に発行した「ネパール冬の陣」新聞掲載）から、

「ラトナパークでボーッと寝ころがっている。子供からおじいちゃんまで、みな男で、目がきれ

ぷがじゃ流 ネパール冬の陣'77

ぷーっと一息、煙をはいて

ラトナ・パークの占い師

安東まさひろ

秦京子

写真上▲パパとキショール
写真下▼ラトナ・パークの入口

KATHMANDU VALLEY

カトマンズ中心部

「ネパール冬の陣」新聞（1977年12月）

いでほりが深くて、うす汚れているから若いのか年くっているのか、よくわからない。

この広場に占い師が坐っている。やっぱりうす汚れてて、でも髪をアップに結って高貴な方みたいに見えるから不思議。前に坐ると、手をとって手相を見てくれた。ああ、爪にアカがたまってる……。あ何でも知りたいことをききなさい、と高貴な方は言う。質問の数に制限はない。あなたは、運を良くするために、火の神と、何とかの神と何とかの神を枕の下にしいて寝るといい。はい、見料は３ルピー。

ふと気がつくと、まわりは黒山の人だかり。今まで広場に散らばってボーッと寝っころがっていたはずの子供からおじいちゃんから、どっと集まって、興味津々ながめているのだ」

参加者の一部を少し紹介しよう。

事務所シェアの石田一廣、大西正彦（テレビカメラマン）、金重尹郎（陶芸家）、片山史郎（録句亭）、木谷牧子（元クリエイト大阪）、北吉洋一（ＶＡＮ99）、木下敦子（秦京子の友人）、重藤静美（パントマイム）、二村ナナ子（人形劇団）、諸戸美和子（ハローアゲンスタジオ）、林信夫、秦京子、村元武、ＴＩＣの水谷浩章ら。全30人。

翌77年には、伊ヶ崎光雄（カメラマン）、柴田香苗（児童文学）、山口秀邦（山口由美子の弟）、ツアースタッフの辰己康雄、林信夫、ＴＩＣの水谷浩章。

78年は浦野成治の友人遠藤武志と津田展吉、ツアースタッフ紀乃公子、森晴樹、森田裕子。

79年は上廣響子（紀乃公子の友人）、ツアースタッフ松原利巳、ＴＩＣの鶴野龍一。これが最後になった。

77年の夏。暑い大阪で「プレイガイドジャーナル」編集をやっていたメンバーにも楽しみはあった。毎年の旅行の盛況を聞き、広告もくれていたトラベル日本から夏の与論の誘いがあった。これは受付窓口を担当しただけだったが、利用者は１６０人を超えた。いい機会だとばかりに林信夫、森晴樹、辰己康雄、山口由美子、松原利巳が泳ぎに行った。７〜８月、片道船便で与論に宿舎を確保し、帰りは自由行動というスタイルだった。

ミナミの地に根づく新事業

75年８月に心斎橋を中心にしたミナミの若者向けコミュニティペーパー「ＷＯＷ・ＷＯＷ」を創刊したことは前述した。それを追うように僕らは75年11月に事務所も心斎橋に移した。

その後「ＷＯＷ・ＷＯＷ」のプロデュースを76年６月で本誌編集長を交替した林信夫が担当す

ることになった。彼は構想をふくらませて、新聞形式だったのを76年12月の第2期9号からB7判のハンディーな冊子に変えて再スタートさせた。さらに10号からはそのころ知りあった「七番館ファミリー」を編集チームに引き入れた。

田中敏之率いる七番館ファミリーは、76年10月に「いちご白書の夜は……」(天王寺野音)、11月に「風から都市へ、SOSヤポネシア救済」(桜宮公会堂)を企画し、『スワノセ第四世界』などの映画上映とトークを組み合わせたフォークコンサートを開催したばかりだった。

心斎橋の西側、周防町から炭屋町一帯を「アメリカ村」と呼ぶようになったのは「WOW・WOW」14号のころ、78年の春からだった。古くからあったサーファーの集まる店LOOPやアワーハウスができてから、ジーパン屋やレコード、アクセサリー、サーフショップなどの店が次第に増えていったのだ。

心斎橋筋の商店街は大阪最大級の商圏で大型店や老舗が軒を並べていた。地価も高くスペースもなく、若い世代の店が進出するのはほぼ不可能だった。駐車場や倉庫の並んだ御堂筋の西側が日の目を見てようやく形を作り始めたのだ。それと歩調をあわせたように「WOW・WOW」の刊行はあった。

75年5月に寺山修司幻想写真館「犬神家の人々」の企画は心斎橋パルコに提案して6Fスタジオで実現したことは前述したが、多様なイベント展開を「WOW・WOW」プロデュースでやっていこうとした。島之内小劇場、心斎橋パルコスタジオ、ソニータワー、日立ホール(のちの南海ホール)、髙島屋ホールなど、手ごろな広さで集まりやすい場所はいろいろあったのだ。また、

島之内小劇場
10周年記念フェスティバル

我らの生に祝福を

西原　明

「島之内小劇場」（1978年6月刊）

大丸、そごうをはじめ、心斎橋パルコ、ソニータワーなどにネットワークを広げていった。「ムービーＷＯＷ・ＷＯＷシリーズ」を立ち上げ、77年11月に土方鉄人『特攻仁俠自衛隊』『実録たまご運搬人・警視庁殴り込み』を島之内小劇場で上映した。

78年6月には心斎橋筋の東側にある島之内小劇場が10周年を迎えた。それを記念してフェスティバルが組まれ、西原明牧師と岡村嘉隆（劇団プロメテ）をパネラーにシンポジウム「表現の拠点たりうるか島之内小劇場」や、他にも演劇やコンサートが並んだ。

それまでにも僕らはいろんなイベントをこの劇場で開催してきたし、今回の記念フェスティバルの立案も参画していて、豊田勇造コンサート、サーフィン映画フェスティバルを企画した。また西原明牧師の依頼で「島之内小劇場10周年」記念誌を編集制作した。

林信夫が本誌78年6月号で書いた「さすらうものの小屋」という記事を紹介しよう。

〔都会中心区が過疎現象で、地域社会性の崩壊、ふるさとを持たない人間をうみだし、都会は人々があてどなくさすらうところになっている。島之内小劇場の活動の根底には現代の都会がかかえている最も深い病根がある。この認識が他の商業ホールとは徹底的に区別するものであり、島之内小劇場の可能性だ」（要旨）、加えて、「現在は多様で自由な表現を保証できうる拠点であることのほうがより身近な問題だが、その立場に立てる人が管理者として重荷を引き受けていることを幸いとするべきだ」と。

ところで、「プレイガイドジャーナル」誌上の「フリーマーケット：質素な生活のためのカタログ」は、事務所壁面の棚でミニコミなどを中心に並べて取り扱っていたが、3年以上経過してイベントとして集客も見込めるだけの多様な品揃えを確保できるようになっていた。「WOW・WOW」の活動の中で心斎橋ソニータワー（76年4月にオープン）の協力を得られ、その9階フロアーで78年3月、いよいよ「ミニコミフェスティバル」を開催できることになった。そのためにいわゆるインディーズ系の雑誌のバックナンバーもかなり集めた。多くの来場者があって売上げも伸び、好評だったので79年3月、79年10月、80年5月、82年5月と5回続けることができた。

また、その動きに呼応して本誌80年1月号では「フリーマーケット保存版」を18ページにわたって組んだのも壮観だった。毎号はページに余裕がないので新入荷記事だけだったのだ。

「ミニコミカタログ」（1982年5月刊）

会場で配布できる簡単なミニコミ「ABOUT」を企画し、当初はコピー版で1号から4号まで作ったが、82年の5回目の記念に扱い品目を集大成した「ミニコミカタログ」（定価￥１００）を作り、結果的に貴重な資料を残すことができた。

また、ソニータワーとで、「ビデオフェスティバル」を78年10月に企画した。従来は映画や動画を撮影するのは８㎜フィルムが普通だった。現に本誌でも「８ミリ映画を振り返れ」という特集が組まれたばかりだった。しかしソニーでは、新しくビデオカメラの時代が進行していて、その普及のためのイベントでもあった。カメラを実際に使って撮ってみようと呼びかけたものだ。

その企画は翌79年2月にソニータワーでの「ＷＯＷ・ＷＯＷ心斎橋放送局　ビデオコミュニケーション11days」の開局につながっていった。ビデオカメラを駆使して街の人々やスポットを取材し、そのドキュメントをソニータワーで放映した。さらには前述の「ミニコミフェスティバル」会場に「ＷＯＷ・ＷＯＷ心斎橋放送局」を併設して79年3月と10月に放映した。

しかし、「ＷＯＷ・ＷＯＷ」は78年11月・21号で終刊した。３年間、よく続いた。

なかでも77年7月・13号の「百貨店特集」は特筆モノだった。４か月後に単行本『バイトくん』を出版することが決まっていたいしいひさいちに百貨店マンガルポを依頼したのだ。できあがった6点の力作が圧巻だった。表紙の絵と本文カット32点も含めて、まさにいしいひさいちの本領発揮、痛烈なる笑いは味わい深かった。いやいや、猛暑の真夏にぞっと心肝を寒からしめたのだった。

山下剛史が林信夫の仕事をサポートするようにして制作を調整したり、定価をつけて市販の道を探ったりもしたが、続かなかった。

その後、田中敏之は独立して後継誌「Ｂｏｏｐ」を創刊するが、これも5号で終わった。なお、七番館ファミリーの一員で、編集に携わった向井久仁子は2年後に「プレイガイドジャーナル」編集部に加わり、一緒に長く活動することになる。

このころには、林信夫は「心斎橋トライアングル」構想を打ち出し、心斎橋パルコ、ソニータワー、ドゥスポーツプラザが参加する会議をスタートさせた。

そして79年10月にはつかこうへい事務所の『広島に原爆を落とす日』『いつも心に太陽を』（大阪ＳＡＢホール・京都教育文化センター・名古屋雲竜ホール）公演を心斎橋パルコとの共催で取り組んだりした。「心斎橋トライアングル」やそれ以外にも、１１０番舎企画や吉本興業などと共同し、ミナミの情報発信に力を発揮する機会が増えていった。以下に簡単に触れておく。

78年11月、心斎橋の老舗画材店カワチの主催するアニメーションフェスティバルのプロデュース、79年8月、講師陣に林静一や田名網敬一を迎えて「アニメーションワークショップ」（大阪デザイナー学院）、心斎橋パルコ「パルコ・ソルボンヌクラブ（月一のカルチャーセンター）」、南海難波駅の地下に新しく「なんばＣＩＴＹ」が78年11月にオープンしたが、その街のイラストマップの制作など。

79年5月の1週間、心斎橋の南海ホール（旧日立ホール）オープニングイベント「サウスサイドバラエティショー」を企画した。音楽、演劇、演芸、そして関西若手文化人の言いたい放題座談会があり、同時代芸人の再現だった。

このように今までになかったプロデュースの新しい方向が林信夫を中心に開拓されていったのだった。これらには山下剛史はじめ数人のスタッフがフォローし、彼らの生活も含めて会社収益に貢献した。

雑誌を毎月定期刊行し、会社の経営基盤が安定するまでは何でもやっていこうと、いつも林信夫と僕は話しあっていたのだ。いいものやりたいことをセレクトしていくのはその後でいいのだ。同時に関わる者たちにとっては、編集者であり同時に活動者であるべきだということを忘れないようにしようと。

そして林信夫は映画『ガキ帝国』（井筒和幸監督）や21世紀ディレクターズユニオンなどに向かうが、それらについては次章でくわしく書こう。

続く「フィルムワーク」とドイツ映画祭、新進映画監督躍進

76年夏に、大阪ドイツ文化センターから「ドイツ新作映画祭」の企画が進んでいるのでやらないかと打診があった。出かけて行って、実際の映画の輸入や映画祭の企画をやっていた欧日協会や田村志津枝とも会った。まだ「ユーロスペース」をオープンする前だったたか。

新しいドイツ（当時は西ドイツ）映画は、敗戦の混乱期を経て60年代になって若い監督が輩出し、イタリアのネオリアリズム、フランスのヌーベルバーグ、ポーランド、スウェーデン映画に遅れたが、ずいぶん佳作が作られるようになった。そんな30代の映画監督が発表した新作をまとめてタイムリーな映画祭を、大阪ドイツ文化センターとの共催で開催できたのだ。

「プレイガイドジャーナル」77年2月号で「ドイツ映画事情」という特集を組んで、大阪ドイツ文化センター館長エルマー・ブラントに話を聞き、ドイツ映画の全容を紹介したのだった。

77年2月には『カスパー・ハウザーの謎』のヴェルナー・ヘルツォークやライナー・ファスビンダー、ヴィム・ベンダース監督の作品を並べた「ドイツ新作映画祭」（毎日文化ホール）を、ついで、77年10月には「西ドイツ新作映画祭77」（毎日文化ホール）を開催した。

この時は『アメリカの友人』のヴィム・ベンダース、『ビール戦争』のヘルベルト・アハテルンブッシュの2監督が来日していて舞台に登場し、上映後会場で交歓会が実現することになった。ヴィム・ベンダースに「ハリウッドで撮るようなことになるのだろうか？」と尋ねて、明確に否定されたのをおぼえている。

フォルカー・シュレンドルフ監督『とどめの一発』もこの映画祭で上映したのだが。彼は2年後の79年にギュンター・グラスの小説『ブリキの太鼓』を映画化し、一般映画館でこの秀作を見ることができた。

79年4月の「79西ドイツ新作映画祭」（朝日生命ホール）ではそれまでの監督たちに加えて、フォルカー・シュレンドルフ夫人であるマルガレーテ・V・トロッタ監督作品も上映された。それから40年以上たった最近（2013年）になってマルガレーテ・V・トロッタ監督の『ハンナ・アーレント』や『ローザ・ルクセンブルクの手紙』を観たときは、いい映画だったし、彼女のその後の長い活動を思ったりした。

エルマー・ブラント館長が離任したため長く続いた提携もこの79年が最後になった。

ヴィム・ベンダース監督は映画祭をやらなくなってからもずいぶん楽しませてくれている。『ハメット』（82年）、これだけはなぜかアメリカ映画。『パリ、テキサス』（84年）、『東京画』（85年）、『ベルリン・天使の詩』（87年）、『ブエナ・ビスタ・ソシアル・クラブ』（99年）……、我ながらまるで追っかけだ。

その後、僕らのやっていた連続上映会「フィルムワーク」（オレンジルーム）で、80年1月にライナー・ファスビンダー『自由の代償』『季節を売る男』、ヴェルナー・ヘルツォーク『カスパー・ハウザー』『シュトロツェクの不思議な旅』、ヴィム・ベンダース『さすらい』『都会のアリス』のアンコール上映を組んだ。

「79西ドイツ新作映画祭」（1979年4月）

映画上映会は島之内小劇場でもやった。77年3月にはシネマ・ネサンス制作、岩佐寿弥監督の新作『眠れ蜜』上映会を企画し、本誌で関連特集「女優について語った二、三の事柄」を組んだ。続いて柳町光男監督作品『ゴッド・スピード・ユー！　BLAK EMPEROR』を5月に上映した。この時は大塚まさじと友部正人のライブ、興松良昌と山田伸顕の写真展で上映会を盛り上げた。

77年のアメリカ夏の陣でバークレーに滞在したとき、僕は『ハーダーゼイカム』（監督ペリー・ヘンゼル）を見る機会があった。当時はレゲエ全盛で、ボブ・マーレー、ジミー・クリフ、ピーター・トッシュらがヒーローだった。ジミー・クリフが主演したこの映画は映画館の中でも大合唱がわき起こっていた。

　できれば日本での上映権を手に入れたいとだいそれた考えもよぎったほどだった。もちろんそんなノウハウは持ち合わせてなかったが。結局キティがそれを得た。国内上映の時、大阪はぜひやりたいと伝えて78年4月中之島公会堂で実現した。ジミー・クリフは3月に来日公演があったばかりだった。

『暗くなるまで待てない！』（75年）が高い評価を得た大森一樹は、城戸賞受賞のシナリオ『オレンジロード急行』を78年に自ら監督した。大森一樹とグループ無国籍などで共に活動していた村上知彦を中心に本誌78年4月号で制作を追った特集を組み、まもなく完成した映画の報告上映会を三越劇場で企画した。

　井筒和幸は活動の場は大阪だったし、やはり本誌に長く連載を続けていた。75年に『性春の

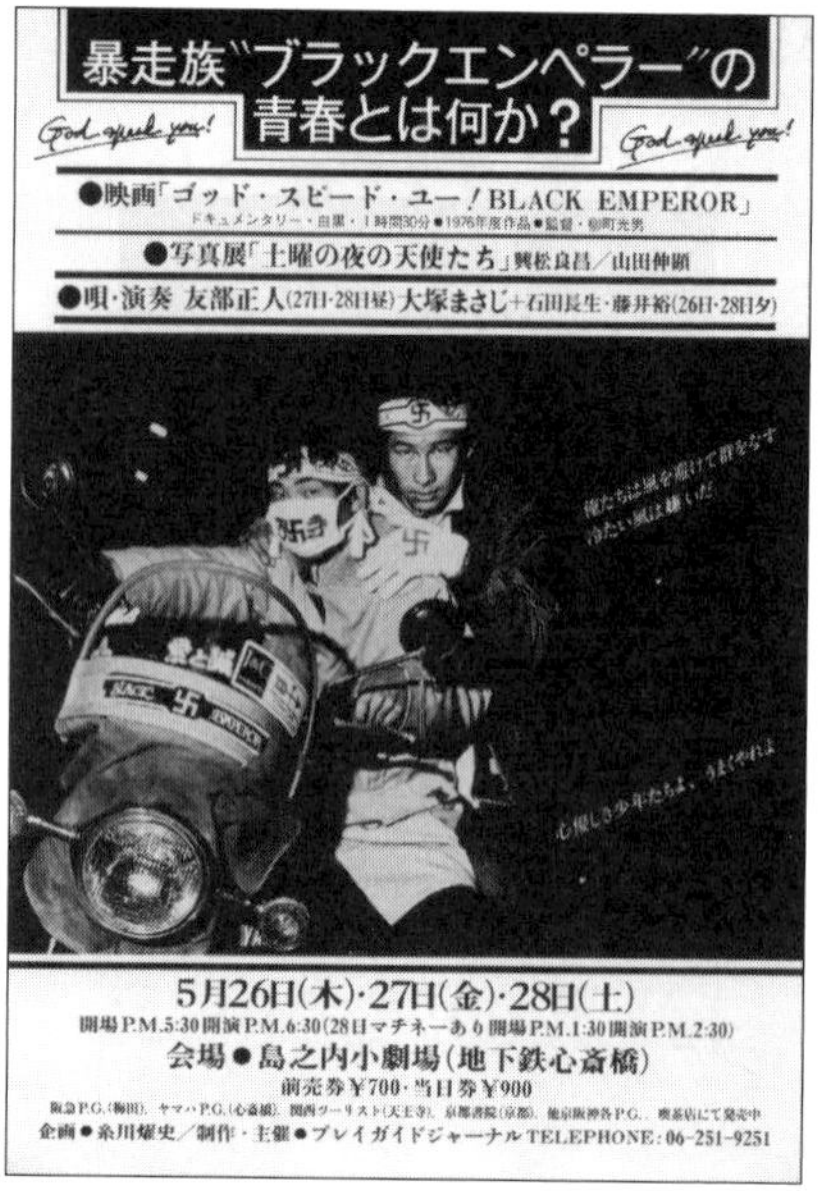

「暴走族“ブラックエンペラーの青春とは何か？”」（1977年5月）

悶々』を撮って以来3年ぶりの新作『肉色の海』を監督し、同じく本誌78年6月号でメイキング特集を組んだ。映画完成は10月で、完成有料試写会を、関本郁夫・井筒和幸対談と、出演した三上寛、大塚まさじが舞台挨拶をあわせて毎日文化ホールで企画した。

この上映会は本誌に告知し、チラシも作って情宣に努めていたが、会場側からピンク映画なので会場使用を中止するといわれた。これにはまいって、強く抗議したがらちがあかなかった。しかたなく、東梅田日活に無理を聞いてもらって場所を移して上映した。

本誌11月号に抗議文を掲載した。何とも情けない話だ。毎日文化ホールの映画会は、洋画名画館だった大毎地下が別プロの上映でやっていたのだが、その中にはいわゆる洋ピンまがいもあったことは知っていたし、日活ロマンポルノ全盛の時代に上映させないとは。「ハードポルノ」という宣伝文を恐れたのか。信じられなかった。

梅田の阪急ファイブ8階は元はボウリング場だったが、ブームが消えてオレンジルーム（客席数200）に生まれかわった。78年7月だった。このビルの5階にはコミックに強い駸々堂書店梅田店があったし、3階には熊谷〝呑〟信夫がやっていた「あしたの箱」があって、両店とも本誌を扱ってくれていたので、よく出入りしていた。それから4階にはモリスフォームがPR新聞を作っていたジーンズ店ヴィレッジファイブもあった。

オレンジルームの中島陸郎プロデューサーの勧めもあって僕らは演劇、映画、音楽のイベントをこの手ごろなスペースでやってみようとした。

途絶えていた「フィルムワーク」のパート2を78年7月再開した。同時代の若い映画監督の新しい作品を上映する機会にしようと考えたシリーズで、毎月欠かさずやった。上映したいフィルムはあとからあとから生まれてきたのだ。

伴睦人『杏子』、長崎俊一『ユキがロックを棄てた夏』、森田芳光『ライブイン茅ヶ崎』、「アニメーションスピリット78」、石井聰亙『突撃博多愚連隊』、土方鉄人『特攻任侠自衛隊』、高嶺剛『オキナワン・チルダイ』、高林陽一『女』、「アンダーグラウンドシネマ新作展」、井筒和幸『足の裏から冥王まで』、泉谷しげる『拳銃殺陣師』、「アニメーションスピリッツ79」、加藤重二『ロックアウト』、「100フィートフィルムフェス」、長崎俊一『ハッピーストリート夏』、津島秀明『ロッカーズ』、末井昭『女優たち』。

機会を見つけては映画上映は続けた。監督が新作を持ち込む場合もあったし、取材するなかで上映会が実現することもあった。

東京ヴォードヴィルショー（77年1月）登場と拡大する演劇公演

1977年1月にはいよいよ東京ヴォードヴィルショーが登場した。この劇団もつかこうへい事務所公演と同じく林信夫の75年東京行きに端を発し、高平哲郎と出会い、VAN99ホールの北吉洋一と知りあって実現した公演だった。佐藤B作とも意気投合し、その後長くつき合うことになった。

公演直前の本誌76年12月号では林信夫が用意周到に特集の座談会をやった。演劇センター68／71の加藤直（佐藤B作は自由劇場出身）、東京ヴォードヴィルショーのファンでマンガ家の高信太郎、「宝島」編集長の高平哲郎の3人で、この劇団の目指す笑いとは何か、大阪の笑いとどう違うのかなど、話題は尽きなかった。

大阪初お目見え公演で掛けたのは石井愃一演出『ちんぴらブルース』（島之内小劇場・追加ステージ梅田トップホットシアター）。

この公演にはエピソード1があった。

佐藤B作が敬愛する藤山寛美に挨拶に行きたいということで、香川登枝緒がお膳立てをして中座に向かい、感激の対面があった。その時、藤山寛美が舞台をぜひ観てみたい、しかし公演がぶつかって会場に行けないので、1ステージ買い取るから中座で終演後にやってくれないかと依頼され、実現することになった。

初日の前日19日、劇団員は島之内小劇場に入って仕込み、けいこをすませて中座へ移動、中座公演終了を待って仕込み。そしていよいよ藤山寛美をはじめ大阪喜劇人、落語・漫才人、取材記者ら300人ほどが客席につめかけているなかで本番がスタートした。この出来事は佐藤B作をはじめ劇団員を驚喜させた。

東京ヴォードヴィルショー『ちんぴらブルース』（1977年1月）

「プレイガイドジャーナル」77年3月号で香川登枝緒は、〔役者が役者に見せるために役者をよぶという日本演劇史上始まって以来の出来事。やる者と観る者のイキがぴったりおうてね。ふだん、いわゆる素人のお客さんにウケへんようなところまでものすごうダイナミックにウケて拍手喝采鳴り止まずになった〕と、経過と反応を書いた。

大阪の喜劇人にも大受けだったわけで、島之内小劇場満員の観客も乗りに乗って楽しんだ。追加ステージを決めるにも会場のスケジュールが取れず、梅田のトップホットシアターに移して幕を開けることになった。島之内小劇場をバラシ、朝トップホットシアターに移動して仕込み、夜本番という乗り打ちで、今回は都合3会場での公演だった。

その後の東京ヴォードヴィルショー公演は、78年4月魁三太郎演出『日本妄想狂時代』(毎日ホール)、79年3月演出佐藤B作『乾いた花』(島之内小劇場)、79年7月演出喰始『そして誰も笑わなくなった』(普門館ホール)と続いた。劇団もパワーがあったし、僕らもへっちゃらだった。

佐藤B作、三木まうす、魁三太郎、石井愃一、花王おさむ、坂本明、市川勇ら役者群も僕らスタッフとずいぶん仲良くつきあった。

笑いの階級闘争に奮起せよ!
夜の静寂を打ち破り、高らかに響きわたる怒涛の歓声、
肉体のねじれ、うごめき、阿鼻叫喚!
(「佐藤B作語録」より)

一連の動きの仕掛人は林信夫だった。それを可能にした人々のネットワークもつくりだした。彼は全国に鳴り響く「大阪の笑い」に対して、本元の地に「新しい笑い」を持ちこんで、見せたかったのだ。若い世代はそれを圧倒的に受け入れた。また彼は新しく出てきた若手漫才の「若い世代の笑い」のあと押しも熱心にやっていた。漫才ブームはまもなくだった。

関連して二つの興味深いイベントも続いた。一つは78年7月のなんば花月を会場に使った「タモリ&所ジョージの全国冗談コンサート」だ。これはコンサートなのかお笑いなのか。タモリと旧知の阿部登は8月号で辛口の批評を寄せた。

「タモリ自身がずっとあたためていたものや、テレビ以外でしか見れないものを期待していたのに、ネタ不足で大阪のファン達も欲求不満になりました。でも「ジャズの変遷」などは、レコードでしか聞いたことがなかったので、ナマの迫力で思わずタモリの世界に入っていけそうでした。待ってたんです、ぼくはその時を。」

これには誰がカバやねんロックンロールショーがゲスト出演した。

ついで、80年2月「わがなつかしの〝てなもんや時代〟」（ホテル・ドゥスポーツプラザ）は林信夫と「心斎橋トライアングル」によるプロデュース。「ぼくたち自身のための喜劇論」というパーティー形式のイベントで、いわば香川登枝緒を激励する会だった。出演は、東京ヴォードヴィルショーと劇団満開座。講演には香川登枝緒、もず唱平、つかこうへい、高平哲郎、加野厚、高信太郎ら、東西の作家や演出家、劇団を集めた。

一方、つかこうへい事務所の方は満を持して79年10月、新作2本を大阪、京都、名古屋で一挙公演することになった。『広島に原爆を落とす日』『いつも心に太陽を』（大阪ＳＡＢホール・京都教育文化センター・名古屋雲竜ホールの3都市公演）。

ところが大阪だけ楽日の翌日1日、追加ステージが別演目で急遽組まれた。信じられないことだが『初級革命講座飛龍伝』をやったのだ。そんな芸当をつかこうへいはやすやすとやるのだった。もちろん風間杜夫、平田満、加藤健一、かとうかずこら役者陣も当然のように応えた。

『広島に原爆を落とす日』に関しては林信夫が本誌79年11月号でつかこうへいの変化を書いた。〔つかこうへいの演劇は、70年代の相対的な安定の時代に、その〝安定〟の表層部に逆説のバネをしかけることによって、この劇的ならざる時代の演劇を作りあげていく。（略）『広島に原爆を落とす日』では、冷遇された日本軍人が愛する女と愛する郷土広島の市民の生命と引きかえに日本の戦後民主主義を問うという劇の構造が、今までとは明らかに違う。愛を語ることで愛の不在、軽さを示してきたが、歴史につきささろうとすれば愛の軽さを失わざるを得ない。（略）時代の表層に逆説をしかけることでは立ち向かえない世界をつかこうへいは選びとりはじめたのか。80年代、彼の演劇にとって一つの試みがこの作品に表れている。（要旨）〕

追加ステージで1日だけだった『初級革命講座飛龍伝』は約束通り翌80年2月、本町の普門館ホールで公演した。

76年10月の演劇センター68／71公演は作・演出佐藤信『キネマと怪人』だった。会場は中之島の阪大跡地に黒テントを張った。

演劇センター68／71の服部良次（現服部吉次）が8月に訪ねてきた時に、今回から大阪公演を別の主催者グループに委ねる見通しだと聞かされ、それもいいだろうと思った。引き続き協力することにしてプレイガイドジャーナル後援名を出した。

何年かにわたって『二月とキネマ』『キネマと探偵』『キネマと怪人』と進化する演劇を見続けるという貴重な体験ができた。僕は宮本研や福田善之、木下順二の演劇が好きだった。小劇場、アングラ劇団が輩出する前の、『美しきものの伝説』『オットーと呼ばれる日本人』『ザ・パイロット』『冬の時代』『明治の棺』『阿Q外伝』などなど。『キネマと怪人』や佐藤信の昭和三部作品は手法は違うが見続けてきた演劇の流れだという思いはある。

昭和三部作の最後の作品『ブランキ殺し上海の春』（作・演出佐藤信）は79年5月、西成区フロンティアランド（77年8月「OSAKA POP FESTIVAL」開催場所）での公演だった。

しかしこの『ブランキ殺し上海の春』は前シリーズの『鼠小僧次郎吉』が終わって次の作品ということで書こうとしたが、それがどんどんふくらんで「昭和三部作」になり、『阿部定』『キネマ』が生まれて先に公演することになった、と本誌79年5月号で佐藤信が話していた。だから最後の作品ではなかったのだ。（松原利巳がインタビューした本誌記事）

78年5月、シェイクスピア・シアター（演出出口典雄）の『十二夜』『じゃじゃ馬ならし』（毎日国際サロン）、79年5月には『から騒ぎ』（毎日国際サロン）を連続主催した。渋谷ジァンジァンで公演を続けていた劇団で、そのつながりで大阪公演を引き受けたのだ。本誌5月号で特集「シェークスピア・シアター」（寄稿は出口典雄、大笹吉雄）を組んだ。

79年6月、竹内銃一郎率いる斜光社『大畳談』（演出和田史郎）（島之内小劇場）を公演し、これらはいずれもその年話題になった演劇だった。

79年4月には状況劇場『唐版犬狼都市』を閉鎖が決まった天王寺野音で公演した。天王寺野音閉鎖のことは次節の「春一番コンサート」でくわしく触れる。状況劇場は引き続き松原利巳のプロデュースだった。彼は各演劇公演プロデュースと本誌演劇欄を担当して、本誌では紹介記事を書き、劇団を取材し、可能な限りインタビューをやっていた。

ついに春一番コンサート最終回（79年5月）、音楽イベントの縮小

映画上映や演劇公演は盛んに展開したが、76年になって音楽は少し風向きが変わってきたような感じがした。僕の場合は音楽舎・URCと連携したり、関西在住のミュージシャンと一緒にコンサートを企画することが多かったし、あわせて特集や記事を組んだ。70年代前半は毎月のように開催したし、「プレイガイドジャーナル」創刊からどちらかというと音楽中心だった。

しかし70年代後半からはURCレコードも音楽舎もしだいに活動を縮小していった。一方メジャーのレコード会社、著作権を管理する出版社、大手プロモーターがフォークソングやロックの分野を我がもの顔に大手を振ってばく進するようになった。「フォークソングからニューミュージックへ」などというセールスプロモーションや音楽史家がする分類はまったく興味がなかった。

そのころにはセンチメンタルファミリー大阪、オレンジレコードとプレイガイドジャーナル社の連携で活動することが多くなっていた。

76年9月エリック・アンダースンが来日し、サンケイホールでのコンサートも三者で実行委員会を作って取り組み、京阪神で前夜祭も企画して盛り上げた。

前夜祭で歌った金森幸介は、本誌76年8月号で期待をこめて、

「正直に告白すると、僕はいつだってエリック・アンダースンになりたかったのです。（中略）僕はこのように繊細で、それこそ息遣いの聞こえてきそうなラブ・ソングが書きたかったし、彼自身の痛みが、なおかつ僕にとっても痛みであるような彼の言葉に出会ったとき、初めて僕は詩を書き、曲を作り、唄うということの素晴らしさ、難しさ、自分のいたらなさに気付いたのであります」と書いていた。

エリック・アンダースン前夜祭
（1976年9月）

もちろん、「Come to my bedside」を「恋人よベッドのそばにおいで」と訳して早くから歌っていた中川五郎も同じ気持ちだっただろう。

その年の12月「ガン先行五郎後攻」（中川五郎と佐藤GWAN博＝演劇センター68／71『翼を燃やす天使たちの舞踏』の時は役者だった）と、「唄が旅から帰った時」（大塚まさじ、田川律、糸川燿史）と、二つのコンサートも共

同開催だった。共に島之内小劇場で、「唄が旅から帰った時」のときは糸川燿史写真展やフリーマーケットも企画した。

77年7月号の特集で「今、ぼくらをとりまく関西の音楽」という座談会を組んだ。出席はオレンジレコード・阿部登、センチメンタルファミリー大阪・福岡風太、ハイハイマネージメント（上田正樹らの事務所）・池田淳、ユニオンシャッフル（憂歌団らの事務所）・吉見隆。

ホールコンサートが難しくなったこと、ライブハウスが増えてきたがその便利さと問題点、ミュージシャンやスタッフの生活問題、ミュージシャンと一緒に育っていく関西のいいところ、若手が出てこないこと、東京本社のレコード会社とつき合わないといけないことなど。関西のフォーク、ロック、ブルースの代表的なプロデューサーが直面している音楽シーンを語った。

77年8月には、そんな状況に活を入れようと期待を背負った「OSAKA POP FESTIVAL」（西成区フロンティアランド）が企画された。出演は久保田麻琴と夕焼け楽団、憂歌団、センチメンタルシティロマンス、金森幸介とレイジーヒップ、有山淳司、ベーカーズショップ、山岸潤史スーパーグループ、桑名正博と小坂忠。ゲストはデヴィッド・リンドレーとテリー・リードだった。主催はオレンジレコードとアンソらのサーファーグループだった。この野外コンサートは僕らも協力した。

さて、79年に天王寺野音の閉鎖が決まって、その年が最後の春一番コンサートになった福岡風太の活動に少し触れよう。

76年の春一番は3月4月5月の3公演と拡大したが、77年から79年まではいつもの5月開催だった。主催する組織名は風都市大阪からセンチメンタルファミリー大阪にかえて、その間「プレイガイドジャーナル」に毎号「WHO'S FUUTA」のページを確保して活動を告知し続けた。

76年8月9、10日には服部緑地野音でソーバッドレビューとセンチメンタルシティロマンスが出演する「Rainbow Road Festival」を開催した。主催はセンチメンタルファミリー大阪とオレンジレコードで、入場料は何と無料だった。この年8月8日にはヤマハの夏恒例「88ロックデー」が同じような出演者で万博公園で開催されたが、それにぶっつけての開催のようでもあったし、夏のシーズンを一緒に楽しもうということでもあったか。僕は両方に行っておおいに楽しんだ。

福岡風太は、その後の10月に第1回「フリーコンサート」（服部緑地野音）を金森幸介出演で開催した。入場料は無料だった。ゲスト出演の有山淳司、中川イサト、レイジーヒップらも含めて出演者の理解はあっただろうが経費もかかった。会場費はそれほど高くはないがPAは必要だ。それは福岡風太をはじめ関係メンバーの心意気だった。まさに「パラダイスのようなコンサート」だった。この「フリコン」はその後も毎年8月に続けられた。

冬場のコンサートということで、センチメンタルファミリー大阪は77年12月に毎日ホールで「コンサート冬の陣」を企画したが、翌年78年には共同制作者のNONSTOP・中井猛が続けることになったようだ。NONSTOPのその後の大阪音楽シーンでの活動は随時触れよう。

ところで、79年1月に天王寺野音の閉鎖と大阪城公園に移転するという新聞報道が出た。演劇担当だった松原利巳は本誌79年1月号で、

「多くのコンサートや演劇などの表現の場として使われてきた。野音は、ぼくたちにとって大阪

に残された唯一の「自由な表現の場」だったように思う。そしてある意味で、ぼくたちが獲得してきた場所でもあるのだ。表現者にとっては、奔放に広がっていく表現欲求を充分受け入れてくれる唯一の場であっただろう。つまりこの場所では何だってできるという感じがあった。（中略）こんなに簡単に移転させられてしまうことに黙っていられない」とかみついた。松原利巳は79年4月に天王寺野外音楽堂で状況劇場『唐版犬狼都市』を公演することに決めていたのだ。

本誌では79年2月号から「春一通信」をスタートさせて最後の春一番を迎える証言を載せ、6月号で福岡風太を囲む座談会を組んだ。

5月の春一番79会場で配布された大きなB4判の機関誌「昇天画報　2　EVERYBODY CAN GO TO HEVEN. IT'S THE END FOR THE BEGINNING.」（編集丸岡淳二、デザイン日下潤一、森英二郎）で福岡風太と糸川燿史の対談を載せて、福岡風太は本音でしゃべっているが、ここでは3月発行の「昇天画報」から福岡風太の言葉を引いておこう。

〔春一番は遂に九回目。とりあえず終わることにします。理由は〈天王寺の野音が無くなるという事実がある〉からです。ボクも新聞の記事を読みました。こんなデタラメな国の事ですから、そうそう簡単に新しい野音が大阪城公園に新築されるなんて信じていません。サッサとでけたとしても通天閣のない春一番風景なんて想像もでけません」

一方、オレンジレコードの阿部登はどうだっただろう。73年の春一番からスタッフに加わって福岡風太、堰守、日下潤一と最強4人組で春一番のピーク時代を築いた。園田に事務所を構え、機関誌「土曜情報」B４判という大型新聞を日下潤一が腕をふるって刊行した。

そして75年7月オレンジレコードをスタートさせた。末永博嗣、西村源一郎、藤田悦子が一緒だった。

西岡恭蔵『ろっかばいまいべいびい』のリリースを皮切りに、大塚まさじ、加川良、金森幸介、中川イサト、ソー・バッドレビューらのアルバムを次々に出し、関連するミュージシャンのマネージメントをやり、多くのコンサートを主催した。

その一つで、76年4月にあった「Message from our soul」（芦屋ルナホール）万華鏡ダンスカンパニーの公演も忘れ難い。北京一と結婚して来日したマライカが指導したダンスグループ総出演だった、総監督北京一、音楽ソー・バッドレビュー、加川良、大塚まさじが友情出演した。マライカは大阪にソウルダンスの種を撒いたのだ。それが育って、ＮＩＭＡ（当時は西本法子）、柳田知子らがあとに続いて後進を広げていった。

オレンジレコードはその切り拓いていった音楽を時代の記憶に刻んだが、しかし77年末には力尽きて解散したのだった。阿部登とはいつのときも機会があれば会っていて、苦労の一端を聞いたりしていた。

所属ミュージシャンは多いが結局は会社に金が残らない仕組みにしてしまったな、とか、事務所の維持にはレコードを売っていくしかないが、それもだんだん減ってきたし、とか、コンサートの主催も黒字にするのはなかなか難しい、とか。著作権管理のオレンジ出版を立ち上げる話も進んだが、間にあわなかったようだ。同じ社長業をやらざるを得なくなったもの同士、人には言えないしんどさを問わず語りでしゃべった。実際に事業を閉めるとなると、ずいぶん厳しい問題や後処理もおしよせてきたことだろう。

78年4月のある日浦野成治から、音楽関連の広告が集まりそうな見通しなので新しいロックマガジン「ＥＡＺＹ」を出したいと提案があった。当初はプレイガイドジャーナル社との共同プロデュースで、ゆくゆくは携わるメンバーで自立したいということだった。

浦野成治の新しい仕事になればいいと思って賛同し、創刊5月号ができあがった。Ｂ5判、8ページの冊子だったが広告はずいぶん入っていた。

しかし彼は岩国学と共に編集に回っていて、共同発行人になったのはＮだった。日下潤一がデザインを引き受けていたし、書き手もそろっていて、浦野成治の根回しのうまさを感じた。7月にはＥＡＺＹプロデュース「SATURDAY JAMMIN'」コンサートをオレンジルームで開催し、ロックコミュニケーション誌を目指して軌道に乗せれるかと思われた。

ところが同じ7月に、オレンジルームのできた阪急ファイブにＯＢＣミュージックセンターがオープンし、そのセンターが広告の柱になって「ＥＡＺＹ」発行のバックボーンになるようだった。その上、共同発行者のＮがセンターの所属になったあたりから、めまぐるしい展開には僕もついていけなかったし、4号からは予定通り自立したので別れた。また浦野成治はほどなくして海外へ旅立ってしまったのだった。

豊田勇造とのつき合いはその後も続き、77年11月の島之内小劇場でのライブを経て、78年6月には前述の島之内小劇場10周年記念フェスティバルに出演してもらった。

79年7月には、豊田勇造がジャマイカでレコーディングすることを決め、その壮行会コンサートを南海ホールで企画した。ジャマイカ録音のアルバム『血を越えて愛し合えたら』（エルトローボレコード制作）は翌80年6月無事に完成し、ワーナーパイオニアから全国発売された。また、帰国した豊田勇造と会った際、ジャマイカ滞在と現地でのレコーディングの一部始終を書いた日記を預かった。のちにプレイガイドジャーナル社から『歌旅日記』（1981年刊）として出版するが、くわしくは後述する。

ダウンタウンブギウギバンドのマネージャーだった奥ヶ市明と知りあったのは78年秋だったか。田川律やジァンジァンの高嶋進に紹介された。

それこそ武道館でもやるジァンジァンでもやるという柔軟なスタイルをもったバンドだが、彼は大阪でそれほど大きくないホールコンサートを毎月やりたいという計画を持っていた。会場候補は、大阪労音時代からつきあいのあった毎日ホールの中垣孝鶏に相談すると、毎日国際サロンを貸してくれることになった。

ブギウギオフィス、毎日ホール、プレイガイドジャーナル社の共催で、「ライブオンライブ・ドージマ」と名づけて79年1月からスタートした。5月には「映像との遭遇」（毎日ホール）として宇崎竜童の映画との関わりと音楽とトーク（ゲスト工藤栄一、根津甚八、原田美枝子、原田芳雄、田川律、高平哲郎）を企画したり、10月には文楽の吉田小玉、桐竹紋寿らと共演で『曽根崎心中』（毎日ホール）を開催した。これは文楽人形にあわせて阿木燿子と宇崎竜童による新曲で全編を構成。完成度の高いステージを見せた。僕にとっては大阪労音の豊かな企画力全盛時を思いだしたことでもあった。

この月一コンサートは何とか続けられたが、70年代も終わりに近づき、音楽興行が火の消えるように感じていたのは僕だけではなかっただろう。

「フォークリポート」わいせつ裁判、控訴審と最高裁判決

1976年3月29日、一審無罪の判決が出たあと、中川五郎、秦政明、弁護士らが記者会見をしたことは前述した。その後中之島中央公会堂に移動して総括集会が開かれ、一審勝利と控訴審に向けての激励でおおいに盛りあがった。

検察側は控訴の意思を表明したが、その後はまったく動きはなく、結局、大阪高等裁判所で控訴審が始まったのは2年後の78年1月17日だった。この日は証人申請で終わった。

その間には、応援団は京都ほんやら堂と東京ぐわらん堂でも活発な支援活動を繰りひろげ、機関誌「美少年倶楽部」も刊行が続いた。

一方「プレイガイドジャーナル」では77年12月号から毎号「マリワナ裁判ニュース」がスタートしていた。

美術家芥川耿がマリワナ栽培で77年8月に逮捕されたが、大麻からは麻酔成分であるTHCが検出されなかったことと、彼は「大麻取締法は違憲だ」と、社会にとってマリワナは何なのか、を考えようとの主張で裁判に訴えたのだった。応援団が活動し機関誌「毎麻新聞」が発行されていた。77年は多くのミュージシャンがマリワナ所持や使用で事件を起こしてマスコミのかっこうの話題になったし、「宝島」が「マリワナって何?」という特集を組んだりした。本誌も裁判記録や

ニュース記事が載り、一部の編集者は熱心に取り組んでいた。

表だたいない個人の行為や海外での体験に僕は別段拒否反応はなかった。しかし、これが入口になってハードな方向へいったのも見てきた。それは十分警戒しないといけない問題だ。いずれにしても敗戦後の１９４８年に施行された大麻取締法は存在する。著名人のニュースは２０１７年の現在に至るまでにぎやかだ。しかし、ここで触れるのは本書の意図ではない。

さて、「フォークリポートわいせつ裁判」78年6月からの2審公判は、弁護側証人に社会心理学者石川弘義と「思想の科学」「フォークリポート」編集長の室謙二が登場し、検察側証人に大阪府立校長会会長が出てきた。

控訴審は進行が早い。裁判所はスケジュールを消化しているようだった。最低限の証人を認め、手順は踏みました、と言っているようだった。結論は決まっているのか？　10月までに被告と弁護士の最終意見陳述を終えた。

79年3月6日２審判決が出た。逆転有罪だった。裁判長が判決文を読み上げていると、中川五郎が「バカにするな！」と叫んで席を立って法廷を飛びだしていった。裁判長は何も気付かないように黙々と最後まで読んだ。本誌5月号で中川五郎は、

「チャタレー裁判の最高裁判決を是認し、……「本件小説に謳われている作者の性についての考え方は、要するに若者が既成概念にとらわれることなく自由に性的行為を享楽すべきだというものである」と断定するではないか。ぼくは思わず「馬鹿らしいな」と声をあげてしまい、あまりにも情けなさに耐えきれなくなって……」と書いていたが、僕には確かに叫びに聞こえたのだ。

さらに、

〔これがわいせつ裁判の正体だったのだ。いつのまにか裁判所は、ぼくの表現の洗練度について感想を述べ、ぼくの考え方を断罪しようとしている。（中略）無罪は刑法一七五条の撤廃を勝ちとることでしかありえないと思う。どんなわいせつ文書でも有罪にされてはいけないのだ〕と続けた。

弁護側は上告し、さらに長い時間が経過した。最高裁は被告も弁護人も出廷する機会はないのだ。80年11月28日、最高裁判決が出た。「四畳半襖の下張」事件（掲載した「面白半分」と、販売した模索舎）とあわせて三件とも上告棄却だった。

その日の朝日新聞夕刊は、

〔同じ事件でも裁判所の判断が分かれ、上級審に行くほど性表現に厳しくなっている。露骨な性表現がテレビ画面や街角にふれている今日（中略）、最高裁はさらに明確なわいせつの定義「社会通念」のとらえ方などを示す必要があるだろう〕との解説だった。

しかし中川五郎は本誌81年1月号で、

〔道はただ一つ。刑法一七五条撤廃。刑法一七五条は、憲法二一条（表現の自由）、憲法三一条（罪刑法定主義）、憲法二四条（両性の本質的平等）に違反する。しかし最高裁は、刑法一七五条の違憲性など微塵も疑いはしなかった。過去の最高裁判例で明らかであるから上告理由にはあたらない。ただそれだけ。（略）こんないい加減な御用判決が罷り通ってしまうからこそ、もっともっと裁判闘争という正攻法で、表現の自由を勝ちとるよう努力していかなければならない〕と、正鵠を射た考えを書いた。

中川五郎、早川義夫、村元が編集した「フォークリポート」70年冬の号（発行人秦政明）、事件の発端になった雑誌を出してから10年がたっていた。

離散し入れ替わっていく編集部。有文社、クリエイト大阪のその後

74年ごろからメンバーの結婚も相次いだ。独身の若い男女がおおぜい集まった組織だし、当然のことだ。またアメリカ夏の陣などで長期滞在する海外旅行から帰ってからも幸せなカップルがたくさん誕生した。アメリカ西海岸やカトマンズの旅先ででも愛にあふれた結婚式があり、出席させてもらったこともあった。気に入った喫茶店や島之内教会で友人たちに囲まれてパーティーが開かれ、二人の門出が祝福されたりもした。

僕らの集団の歩みについて書こうとすると、新しい生活が生まれたことは大きなイベントでもあるわけで、それらを抜きには語れない感じもする。またこの記録に少なくない潤いを与えることだと思う。しかし、そのことを書こうかどうかずいぶん迷った。結局この本では触れないことにした。それはひとえに、その後の人生で別々の道を歩みはじめることを選び、そう決断したことでより幸せを得ている人も少なからずいることを思わざるをえないからだ。

さて、77年末ごろの組織内部の様子はどうだっただろう。ほぼすべての事業は順調に推移しているようだった。12月段階では専従社員は変わらなかったが非専従スタッフは増え続けていた。それを可能にする仕事はいろいろあったのだ。彼らをより活動的な総合的な組織にしていこうと

考え、さらに外部ライターや編集者も加われるような一種の編集センター構想として「メディアグループ」を発足させるなど、依然積極的な展開を図っていた。

しかし、……

78年10月に浦野成治が飛びだしていった。

〔個人的な話やけど、今月いっぱいで4年間過ごしたプガジャを離れ、インド方面へ旅に出ることになりました。（略）また会える日を楽しみにしています。みなさんほんまにアリガトーでした。とりあえずさようなら〕と本誌9月号の「編集雑記」に書いた。

その前の7月号には、

〔ぼくの親友のPくんは、インドのプーナというところにあるアシュラムへ来月はじめに旅立つことになりました。2年くらいはそこで暮らしたいそうです。（略）ぼくはまだ何も決断できないままに分裂しているばかりなので、気分を変えようとMちゃん達と共同生活を始めようと思っています。とりあえずPくん元気で行って来てください〕と書いていた。

日常的に一緒に活動していたのだが、わかりあえているようでも個人的な環境、心の浮かんでいる場所は想像以上に離れていたのかも知れない。インド旅行などでいわれた「精神世界への旅」に出てしまったのだろうか。それは戻れない世界なのか。時代の空気にもっとも敏感に反応していた浦野成治の選んだ道だったのだろう。9月6日には飛田百番で壮行会を開き、彼は封切られたばかりのザ・バンドの映画『ラストワルツ』（監督マーティン・スコセッシ）を見てからインドへ旅立っていった。

続いて78年12月には追っかけるように辰己康雄が続いた。彼の11月号の「編集雑記」は、〔長い間プレイガイドジャーナル誌の本文レイアウターとして、読みやすさ、見やすさをモットーにがんばってまいりましたが、個人的理由により10月末でＰＧＪをやめることになりました。（略）長い間、お目を疲れさせましてすいません。サヨウナラ〕だった。

そして彼も海外に旅立った。78年11月2日送別会、78年11月10日伊丹空港に見送った。

ここで少し僕の個人的なことをいえば、78年春ごろからちょっとおかしくなった。初めての経験で症状を説明する知った言葉もなく、林信夫には「どうもノイローゼになったみたい」とか打ち明けたと思う。元来が楽天的で、バランス感覚があると思っていたので、この心のありよう、揺れや落ち込みは何なのか、理解できなかった。

創刊当初はまったく楽天的だった。こんなミニコミなのだ、先では行き詰まるにちがいない、それでもともとだと思い切りはあった。しかし持続するにしたがって、営為が広がるにつれて、成功が重なるたびに、目先のこと、広告が決まらないとか、興行が入らないとか、仕事がひとつなくなったとか、メンバーの将来とか関係とかが大きな問題に思えてくる。そして悲観的になるのだった。

時代の空気といったが、78年春ごろから確かに事務所やメンバーには空気のゆらぎが覆っているように感じていた。共同体の居心地の良さと、外を吹きあれる風の冷たさ、浦野成治や辰己康雄が辞めようかどうか迷っている時期でもあっただろうし、彼らが親しく関わっていたオレンジレコードの動きも影響していたのかも知れない。もちろん荒野に出かけていこうと考えることも理解できた。そんなゆらぎが僕の心に作用したのだろう。

　できるだけ平穏に、大騒ぎにしないように考えて、しばらく仕事を休んだ。こんなとき家族は心強く頼りになってくれたし、引き籠もる家庭があるのはありがたかった。近くの内科を訪ねた。幸い医師には理解されて、不安神経症と診断され、いつでもつらいときは話に来なさいと、少し薬も調合してくれた。まったく習慣ではなかったが寝る前に酒を飲むなど、思いついたことも実行した。

　しばらくして、難航し止まっていた写真集『泰平の谷間の生と死』が9月に完成して良い上がりだったのを目にし、それがきっかけになったか、少しずつ回復したようだった。

　ところが続くもので、79年2月には林が体調を崩してしまった。1か月ほどゆっくりしたほうがいいと勧めた。

　79年8月、アメリカ夏の陣組を送り出して残留組は本誌8月号の配本も終えたころ、夏休みをとることにして、僕らメンバー15人で2台の車で能登へ2泊旅行に向かった。海水浴をし、ディスコで踊り、和倉温泉に入るなど楽しんだ。進行中のカップルが3組もいたのでなかなか華やいだ雰囲気だった。

　79年12月の編集部の陣容は以下だった。岩国学、紀乃公子、竹中功、土屋茂、秦京子、林信夫、春木宏司、松原利巳、村元武、森晴樹、森田裕子、山口由美子、山下剛史、余田守。すでに全員が給料制に移行し、それぞれ業務を分担しかつ全体を支えあう体制だった。

　林信夫が79年当時の企画会議で提案していたのを引用しよう。（要旨）

編集部（能登旅行　1979年）

企画業務の発生は、雑誌経営自体が軌道にのっていなかったため、個人的にも組織的にも自らの食いぶちや活動経費を雑誌以外の仕事に求めざるをえなかった。

舞台関係や各種アルバイトなど企画業務として積極的な意味は少なかった。

68／71黒テント興行で、金銭的に利益は生まなくても状況にコミットメントするイベントの重要さに気がつきはじめた。

ひとつには良いスタッフの発見、ひとつにはすぐれた表現者とのつながり。

現在は組織はある程度の安定をみせている。しかし全員の生活を支え、年をくっていくことの意味は重い。

いまや持たざることでの軽やかさを簡単には口にできない。

組織の広がりと、ある種の生活の安定があ

る。

経営効率をあげるため儲かる仕事だけを優先するつもりはない。

企画業務には経済的な組織防衛をはたすディフェンス感覚と、雑誌だけではたせない文化状況に対するオフェンス感覚が必要だ。

雑誌業務は毎月のルーティンであるが、企画業務の根底にルーティンはない。基本的な方向に対する責任があるだけだ。

それは、企画業務に関するスタッフ編成のルールと、リスクを負う可能性のある興行を決定するルール、企画業務の収支の明確化によるディフェンス感覚の養成だ。

ところで出版部門では心を悩ませる問題が起こった。

79年2月に『バイトくん2　東淀川ひん民共和国』を刊行した。ところがその後「日刊アルバイト情報」を発行していた情報センターの冨田耕作社長から、出版を始めることになったので連載している「バイトくん」を自社で出版したいと申し入れがあった。実際、続編は自社で出す計画だったという。ちなみに「バイトくん」という名前は商標登録しているということだった。

77年の『バイトくん』刊行の時は話し合いに行って了解され、広告までもらったのだが、『バイトくん2』の時はその手順をすっかり抜かしてしまったのだ。

雑誌連載作品を単行本化するについて、出版界のルールがどうなのかまったく知らなかったし、どう対応していいのかわからなくなって著者のいしいひさいちに相談したり、あわてて参考書を読んだりもした。単行本の書名は商標登録に拘束されないことや、雑誌連載は著者と雑誌社との間では1回掲載の契約なので、単行本にまとめるにあたっては著者が優先的に決められることなどを調べたりもした。

しかし『バイトくん2』に関しては、手続きを怠ってルールを誤り礼も失したが、今後に関しては、連載で作品を積み重ねてきた著者の考えと、初出雑誌の意向が尊重されなければいけないのは当然のことだった。冨田耕作社長にはそれまでも何度か会っていて、「覇道」と「王道」の言葉で教えられたこともあった。

僕は次の刊行を辞退しようと決めた。単行本出版を始めたばかりだし、最初の本がベストセラーになったのはまぐれ当たりだった。2冊も出せたのだ。これからも新しい企画はいくらでもあるんだし、まったく悲観はしなかった。次の本に向かっていこうという気持ちの方が大きかった。

まもなく情報センター出版局はスタートし、79年11月に椎名誠『さらば国分寺書店のオババ』や、続いて村松友視『私、プロレスの味方です』がベストセラーになった。その後に星山佳須也編集長（現三五館社長）と会う機会もあって、一連のやりとりを振りかえった話もし、今後を励まされたりもした。

さて、『バイトくん3』は思いがけない展開になるが、それは次章で述べる。

その後のクリエイト大阪と有文社についても書いておこう。

73年秋に松田一二はクリエイト大阪と有文社を相次いで設立して、プレイガイドジャーナルも含めて全組織の代表を務めたが、クリエイト大阪部門を強化するために74年に松崎龍彦と橋本義郎が加わっていた。松崎龍彦は大阪労音事務局を69年に一斉退職した仲間で、僕が声をかけたのだ。橋本義郎は「プレイガイドジャーナル」初期からのつき合いだった。77年には本誌創刊時から協力してもらった溝端要も加わった。

すでに僕らは別れて独立していたことは前述した。クリエイト大阪のその後は順調に展開しているようだったが、79年末には松崎龍彦、橋本義郎、溝端要の3人は辞めて、松田一二は新しいスタッフで続けることになったようだ。橋本義郎は山田修の立ち上げた制作会社「スペースコア」に移り、溝端要は僕がビレッジプレスを立ち上げてのちに事務所をシェアしあって長くつき合うことになる。

クリエイト大阪との仕事のつき合いでいえば、松田一二とつながりの強かったMBS毎日放送ラジオの長寿番組ヤングタウンの単行本『ヤングタウン』を、これは73年の有文社で第1巻を刊行して以来、シンコーミュージック刊に代わっても、クリエイト大阪から受けて僕らが毎年編集制作してきた。これはプレイガイドジャーナル社の存続期間中と、その後に僕がビレッジプレスを立ち上げてからも続き、86年のヤングタウン20周年の時に刊行した『ヤングタウン12』（シンコーミュージック刊）が最後になった。もちろん往年のメンバーが編集制作に協力してくれて同窓会のような気持ちだった。

一方東京で舞台監督グループをスタートさせた金一浩司は年々仕事を広げ、コンサートやショー、音楽祭、ミュージカルなど音楽に関連するステージに関しては、こと舞台監督ではわが国の代表的なグループに成長していた。そして77年12月には東京単独の新会社「株式会社クリエイト大阪」を作った。本社は東京都港区で、社名はそのままにして変更の煩雑さを避けたようだった。

メンバーはさらに増えて、金一浩司、山田修、大橋誠仁、谷口博昭、大塚照信、井出悟、玉虫豊、大山修二、斉木信太郎、平川敬二、竹中敬子らがいた。当初は大阪からのスタッフが大半だったが、年月を経て東京で入社したメンバーが増えてきたことがわかる。事務所は、大阪組が上京して舞台についたりリハーサルなどで長期滞在するための宿泊兼用で、広尾や旧防衛庁前のアパートだった。僕も何度も泊めてもらったが、77年から本社所在地は六本木に固定した（２０１７年現在は南青山）。

さて、有文社はどうだっただろう。前述のように松田一二社長が75年末に有文社を離れてクリエイト大阪の活動1本に戻り、編集企画営業の全般は山田一が中心だった。彼にはその後も会社の様子を聞いたり、僕の出版業についてのアドバイスも受けていた。スタッフを６人にまで増やしたが、この規模になると月２本新刊を出さないと回らないそうだ。しかし、営業を統括する者がいないなど、出版業のベテランがまだ育っていなかった。業績も不振が常態化していたが、77年からはいよいよ困難さが増しているようだった。

78年12月には阪急ファイブの「あしたの箱」の熊谷〝呑〟信夫が永年のコレクションを編んだ『ブリキのおもちゃ』や、79年1月の日本の特撮映画史をコロッサスが編集した『大特撮』などの新刊を出して「プレイガイドジャーナル」に広告を出したが、3月号が最後で、どうやらそのあたりで行き詰まってしまったようだった。

山田一、山下誠、渡邊仁、辻田東洋雄、三木学ら中心的なスタッフは、僕らも編集などで一緒に活動した仲間だった。しかし『大特撮』新刊配本後には大半が辞めていった。最後のときはどうだったのだろうか。のちに山下誠と辻田東洋雄は大阪の出版社青心社に移っていて再会した。

ところで本業の「プレイガイドジャーナル」だが、依然拡大し続けた。かくも大きな動きになってしまった情報誌の世界、このままどのように発展していくのだろうか。それを支える組織といえば、株式会社にしてはいるが依然として〝群〟のままだった。その舵取りをしなければいけない僕が一番疑心暗鬼だった。

URCレコードが切り拓いて歩んだ道、それが大きくなりそうに見えたとき、大資本や、東京中心や、野望や不和がドッと押しよせてきたことは記憶に新しい。それをしっかり学習したのか、我が情報誌の世界もそうなのか。

77年5月には神戸新聞出版センターが「京阪神Lマガジン」を創刊した。本誌5月号でも紹介記事を載せた。

「スケジュールガイド誌は東京では「ぴあ」と「シティロード」の2誌の時代になっているが、関西もそうなった。情報氾濫の時代にスケジュールガイドとは何かをもう一度考えるいい機会になるだろう。（略）書店では二つが並んでいるので、手にとってご覧ください」と冷静だ。

しかしその5月号は川崎ゆきおが伊丹郊外の畑でシャドーボクシングをしている写真が表紙の号で、「さあ、かかってこんかい！」という様子でパンチを繰り出しているのだが。

何しろ僕らの雑誌は立ち上げたのが早かったということで、東京の同様の雑誌社から一度ならず訪問を受けた。73年には創刊したばかりの「ワンダーランド」（後の「宝島」）の高平哲郎と会ったことは前述したが、78年には「ぴあ」（74年創刊）の矢内廣、79年に「本の雑誌」（76年創刊）の目黒考二が訪ねてこられた。応対し、乏しい経験を話したが、逆に日々成長し続ける東京の雑誌の勢いに圧倒される思いだった。

僕も76年には「シティロード」（71年創刊当時は「コンサートガイド」）の福間忠尊や、78年には「ぴあ」の事務所を訪ねた。まだ独立系の雑誌をやっている者同士ということで連帯の気分があった時だ。72年創刊の「プレイガイドジャーナル名古屋」は76年に代表が笈川良次から柴山洋一に代替わりして発展の途に立っていた。笈川良次は企画会社ジェスパを立ち上げた。

その後の情報誌の世界の百花擾乱は次章で書こう。

1977年5月号

音楽状況の不振や春一番コンサートの終了、オレンジレコードの終焉、兄弟会社有文社の破綻、結束を誇った編集部のゆらぎなど、ひしひしと厳しい兆候が近づいてきていたのだろうか。そんな暗雲が広がってきている中、僕らは能天気に走りまわっていたのだった。

本誌の部数も5万部に近づき、広告も順調だったし、2点の『バイトくん』も各10万部近くまで増刷を積み上げていた。さまざまな事業も好調だったし、資金的な余裕もあった。

事務所の近所にマンションを借り、会議や泊まり込み、遊びの場に活用したりした。なかなか落ちつける部屋だった。

まだまだ押せ押せの勢いなのだった。

1980年12月号（絵=森英二郎）

1981年11月号（絵=森英二郎）

1982年1月号（絵=森英二郎）

1982年11月号（絵=森英二郎）

第3章
塩町の秋

1980年3月〜1982年12月

編集長=森晴樹〜村上知彦

B6ポケット判サイズ、最後の3年間（80年から82年）

この章はB6判最後の3年間、1980年から1982年について述べよう。

かくも豊穣だった70年代をあわただしく、それほど意識せず感慨もなく見送り、80年代に突入した。時代は何もかもがスピードを増すようだった。社会の空気感なのか、多分僕の年齢のせいなのだろう。

何かから追っかけられるように、人と出会うたびに、呼びかけに気軽に応えて、あれもこれもに手を出した。出版社は売れない本を補完するためにどんどん新刊を出すといわれるが、そんな手法に似かよっているようだ。どうやらバブルが近づいていたのだろうか。

ところが、80年2月号「編集雑記」で、山口由美子が編集長を退くことを表明した。

［個人的肉体的理由により、3月より約4か月間、プガジャの仕事を休むことになりました。創刊以来、ヒツコク「プガジャ」とおつきあいしていただけに、初めてこんな長いこと休むので、ちょっと離れてプガジャを眺められるのが楽しみです］

彼女はその理由を本誌では明らかにしなかったので、ここで書こうかどうか迷ったが、おめでたいことなので書いておこう。長女の出産のためだった。

増ページに次ぐ増ページを支えたのはまさに山口由美子だった。創刊以来、編集部にあって版下制作や地図制作、イラストもできたし、もちろん記事もずいぶん書いた。編集長になってからは全工程で腕をふるったのだ。

例えば、79年6月号で、編集部内の混乱ぶりを彼女は次のように書いていた。
〔最近プガジャフリーマーケットの店員（すなわちボクたちスタッフ）は、あいそが悪いと評判がよくない。全くその通り、スンマセン！　毎日おっそろしいほどかかってくる電話の受け答えと、「なにやっとんじゃ！　はよ原稿書いたらんかい！」風のスタッフどうしのシッタゲキレイの延長上で、ついつい読者にもあわただしく応対してしもたりして。ついでに事務所の人と書籍の混雑ぶり、最高潮！　ポスタープレゼントを取ろうとした竹中くんが返本につまづきころんで、レコードをかけようとしたウラボンにぶつかり、助けようとしたハルキが手に持っているコーヒーをこぼして……とゆーよーな風景が今に日常茶飯事になりそー。こわ〕

振り返れば、この山口由美子編集長の時代が上昇気流に乗って最強の期間、5年間だった。編集スタッフの入れ替わりは変わらずあったが彼女はリーダーシップを発揮して充実していたし、それがあったからこそ、村元と林信夫が彼女の両翼で事業・制作を展開し、多彩な活動を繰りひろげられたのだ。実際、76年から2人のプロデューサーが競争のように事業を拡大したのだった。

単行本出版、東京ヴォードヴィルショー、つかこうへい劇団を中心にすえた演劇公演、「WOW・WOW」発行でミナミの地に根づき、オレンジルームでの「フィルムワーク」やドイツ映画祭、音楽興行、アメリカ夏の陣、ネパール冬の陣などでTICと提携した海外旅行など、すでにくわしく書いた。

さて、80年3月号から4代目の編集長に森晴樹が就いた。森晴樹は早くからのスタッフで一貫して映画担当だが、しかし読者との対話から発展し、このころには架空・妄想の世界にまで広が

プガジャクラブ会報「あばあば」
（1976年11月刊）

っていた「ハルキのページ」で読者には人気だった。75年からスタートした「プガジャクラブ」の会報「あばあば」も彼が全ページ手描きで担当し、編集部の誰彼が毎号いじられていた。

上昇気流に乗った本誌は、ページ数を限度まで増やし、カバーする情報も拡大につぐ拡大で、円熟の様相を見せているようにも思われた。彼には広がった読者とのつながりを強くする期待があった。

ところで、その前に編集部内の動きと、社内の改革がめまぐるしく変化していたので、まずその動きについて書いてみよう。

１９８０年初頭の最大の決断は事務所の購入と移転だった。『バイトくん』（77年刊）と続く『バイトくん２』（79年刊）の刊行はその後の2年間で増刷を重ね、それは想像を超えて資金の蓄積にもなった。かつて経験したことのない事態に、それはそれで頭を悩ませるものだ。当然ながらこの状態は一過性であることはよくわかっていた。前述の通り、すでに「バイトくん」の新しい刊行からは手を引くことも決めていた。

原則としては、将来の経営的安定のための基金にするという考え方で、人件費には使ってしまわない、このさい必要な備品は購入するがムダづかいはしない、私物化しないという僕の考えは理解されていたと思う。

79年9月ごろから僕の頭の中には、二つの先行モデルを思い描いていた。

一つは、金一浩司ら東京のクリエイト大阪が77年に独立し株式会社に改組したとき、それまでの宿泊所的な事務所から本格的に会社事務所として六本木マンションに移ったということがあった。駅に近くて便利で、利用しやすく、24時間自由に出入りし寝泊まりでき、仕事ができた。スタッフが集まり、交流し、憩いの場でもあった。

二つは、69年、僕がまだ大阪労音事務局員だったころ、急激な会員減少で手持ち資金を減らしていて、何とか歯止めをかけなければと、入会金などの蓄積してきた基金を不動産に換えて保全するためにビルを購入したことだ。

経営の安定のために資金を不動産に換えよう、例えば事務所用マンションを購入するのはどうだろうか。やはり24時間自由に使える広いマンションが事務所としては適していると考えた。卓球ができるのはもうあきらめたが。

購入には現在の手持ち資金を入れて、残りを何らかの融資でおぎなって、その毎月の返済は現在の事務所家賃＋分室の家賃程度ですむならばという青写真を描いた。

ちょうどうまい具合に心斎橋駅東側・塩町に新築マンションが建ちあがり、入居者を募集していた。チサンマンションで、価格も広さも少し上のレベルだったが、とにかく融資先のメドがつけられるかどうか動いてみることにした。

大阪市保証協会の保証で銀行借入を2000万円、これは毎月返済が30万円、7年でクリアできるようだった。手持ち資金は少し足りないが国民金融公庫の借り換えと、東京のクリエイト大阪に無理をいった。と簡単に書いたが、はじめての経験で、もう中止しようと毎日迷いながら逡巡しながら、また役所や練達の営業マンを相手になかなか難しい交渉でもあった。販売元の地産と大阪市保証協会と銀行間で最後まで綱引きもあったが、融資のうえで販売する、したいという形は三者とも望んでいただろうから、最後にはお互いが歩みよった。

契約が終わった。返済できなければ買ったマンションを手放せばいいだけだと、僕の方はできるだけ気楽に考えようとしていた。プレッシャーはずいぶん大きかったし、まともに考えたら耐えられないのはわかっていたのだ。

このチサンマンションは、その後印刷会社や会計事務所に見てもらったら、なかなかいい物件で、資産価値もあるし、なによりも使い勝手がいいとずいぶんほめられた。知っている限りの出版社、興行会社、企画会社のどこもがこのような方法を採らなかったなかで、我が道を行くという思いがあった。千載一遇の決断ができたことは信じがたいが、夢ではなかった。

80年7月にマンションは完成し、すぐに移転を決めて引越計画を立てた。山下剛史はこういうときには非凡な手腕を発揮するので、安心して彼の指揮にしたがった。本誌7月号の配本を終え、8月号の取材と並行して事務所と分室の備品、資料、在庫を運び込んだ。整理を進めながらも次号の出稿と、そして東京ヴォードヴィルショーの公演が迫っていた。

ところで、新しい事務所で再スタートを、と計画しているなか、80年代になっても専従スタッフの退出が続いた。78年に浦野成治、辰己康雄が辞めて海外に旅立ったことは前述したが、その後も自身で望んだ新たな道をめざしていくメンバーを止められなかったのだ。こうも専従スタッフが辞めていったり、非専従スタッフに移ったりするのには、それなりの原因があったと思う。

僕は一貫して我々の職場の労働条件を向上させようと取り組んできたのだ。主要スタッフの専従への移行と適用する給料制の採用。給料はどうあるべきかでかつての大阪労音事務局の給料体系モデルを調べ、また社会保険や労働条件なども考えてきた。一方で、生活の安定をどう確保するか、生活共同体としての組織のあり方など、どっちかといえばみんなのあまり関心のなかったことを提案し続けた。

この雑誌と活動の場が生まれたことで、その後に参加してきた若い世代に僕の経験を伝えたかったし、僕の責任として、ギャラのなかった時代の負い目として、よかれと思って取り組んできたのだった。年をとっていく毎にそういった問題から避けられなくなるのを、知ってほしかった。

そして、それらを保証するためには収益アップをめざす必要があること、その達成にはスタッフの自主的な活動と、民主的な運営システムで可能だということを言ってきた。

しかし、創刊以来慣れ親しんだフリーランスで、月のうち10日か15日編集と配本などに関わって、それ以外は自由だというスタイルがいいと考える者も当然いたと思う。取り組んでいる改革がサラリーマンを作るだけだとし、誰もがどんな仕事も共同でやるということがいやだとか、仕事半分で旅を半分の生き方を選ぶとか。若さといえばそうだし、時代も余裕があったのだろう。

もちろん理解できないことではなかった。

僕の考え方は捨てなかったが、当然ながら非専従でも一緒に雑誌づくりをやる仲間だし、多様な生き方が集まることで組織の魅力も増すのだ。また、入るのも自由なら去るのも自由な組織でありたいことはいうまでもなかった。

80年8月に山口由美子は復帰したが、結局11月には退社し非専従になった。もちろんその後もかわらずにずっと一緒に仕事をやったし、よく遊んだのだが。

退社や非専従への移行が出るたびに、ふくれあがった業務を遂行するために新スタッフ募集を余儀なくされた。増ページは凍結し、128ページを維持したが、増える広告は受け入れて、80年12月号は34ページまでになった。

そんな状況下で森晴樹編集長は毎号を編集制作していった。

彼が編集で使える少ないページ数の中で一貫して継続したのは写真とインタビューで構成する「ホットピープル」だった。桂枝雀、北村想、斎藤晴彦、新井純、椎名誠、趙方豪、山本容子、桑原茂一らが並んだ。それ以外に自社主催のイベント関連記事でも毎号ページの取り合いはあったし、その決定版が81年2月の映画『ガキ帝国』で、公開前後の数か月にわたった集中記事だった。

そして81年9月号のホットピープルで、「ポンプ」編集長橘川幸夫と「漫金超」村上知彦の対談を組んでから、森晴樹は村上知彦に編集長をバトンタッチすることになった。そのいきさつは節を改めよう。

81年9月号の編集部　片山禎三、土屋茂、秦京子、林信夫、春木宏司、福瀬淳一、松原利巳、向井久仁子、村上知彦、村元武、森晴樹、森田裕子。

チャンネルゼロの動き

80年2月、チャンネルゼロ工房は株式会社チャンネルゼロに改組して本格的に出版活動を開始することになった。中心メンバーは冨岡雄一（社長）、峯正澄、村上知彦、石井寿一らで、4月には季刊「漫金超」を創刊することも含めて意欲的な計画が発表された。

僕らが77年に『バイトくん』を、そして78年に『バイトくん2』を刊行してほどなく、作品「バイトくん」を連載している「日刊アルバイト情報」の情報センター出版局から、次は自社で出版したいと申し入れがあり、僕は次の刊行を辞退したことは前述した。

しかし79年になると、いしいひさいちの4コママンガはマンガ界はいうに及ばず社会的なブームになり、双葉社は『がんばれ‼タブチくん‼』をシリーズ化し、東宝東和からはアニメ映画『がんばれ‼ タブチくん‼』がヒットし、さらには80年に連続テレビアニメ『おじゃまんが山田くん』が続くという勢いで、メジャーの出版社、映画会社からひっぱりだこになってしまった。

そんな状況の中でいしいひさいちが出版社を立ちあげたのだ。その前に、僕が「バイトくん」の刊行を辞退してからまもなく、情報センター出版局から「申し入れは白紙に戻す」という丁寧な連絡があったので、どこから出すかという問題は著者が決めるものと考えていた。結局『バイトくん3』は新出版社チャンネルゼロが刊行することを決めた。

チャンネルゼロのスタートは季刊「まんがゴールデンスーパーデラックス　漫金超」創刊号で、

峯正澄編「季刊まんがゴールデンスーパーデラックス漫金超」創刊号（チャンネルゼロ・1980年4月刊）

80年4月に発行された。B5判204ページ、コミック用紙使用で分厚く、色刷りページもあり、わが「プレイガイドジャーナル」がB6判64ページだったことを思えば夢のような雑誌が誕生した。寄稿者は、大友克洋、川崎ゆきお、さべあのま、高野文子、いしいひさいち、ひさうちみちお、雑賀陽平ほか力作が並んだ。読み物ページも充実して編集陣の層の厚さが感じられ、定価580円ということもあってマンガ界の一大事件とも思われた。

巻末に一コママンガが載り、

「みて、おとうさま、漫画界の夜明けだわ。」

「漫金超」創刊号202ページより

と希望にあふれたセリフが高らかに発せられた。しかし絵の内容は、「ゼェゼェ」と疲れきった男と、作業をのがれて影からのぞき見る冷や汗たらたらの男というシーンで、いしいひさいち特有の、編集部を知る者には胸を打つひとコマだ。

チャンネルゼロの書店流通については、取次の契約がすぐには取れないということもあって、出版社活動・販売活動に一日の長があった僕らが担当し、チャンネルゼロ発行・プレイガイドジャーナル社発売という連携プレーでやっていくことになった。

引き続き80年6月に季刊「漫金超」第2号を発行してから、単行本第1号がいしいひさいち『バイトくん3　名もなく貧しく美しくもなく』だった。81年3月刊。「漫金超」から表紙・カバーデザインを一手に引き受けた日下潤一がこの本も隅々まで目配りしたデザインを手がけ、編集は村上知彦と森晴樹があたった。

その後チャンネルゼロは、いしいひさいちをはじめ、ひさうちみちお、川崎ゆきおらの作品集を続々刊行するのだが、そのつど触れる。当然ながら、メジャー出版社もいしいひさいちが種々の雑誌に発表する作品を待ちかまえたように集めて、競争のように刊行していた。

ところで、プレイガイドジャーナル社刊『バイトくん』は、何しろパワーをもった四コママンガが500本近く1冊の単行本に収録されるという、メジャーのスタイルからは常識外れの出版だった。収録内容でも、タブチくんモノ、仲野荘モノ、デモ隊モノ、侍モノ、宇宙人モノ……多岐にわたっていた。「プレイガイドジャーナル」広告には、

〔四コマまんが四七〇本収録！一回笑ってなんと一円三十八銭！完読所要時間なんと五時間三十六分五十秒!!〕とうたったりしたのだった。

作品が待たれているが作者も創作に追い込まれていた背景もあった。その後の刊行では、Ａ5

判1ページ2作品だったのが新書判1ページ1作品の形に落ちつき、ページ数も130ページ前後が普通になり、定価も400円前後というスタイルが定着した。チャンネルゼロものちに『バイトくん全集』『バイトくんブックス』など新書判スタイルで再編集決定版を企画する動きになった。

そういった状況もあって、僕は著者いしいひさいちに、『バイトくん』『バイトくん2』に関しては、あと1回の増刷を経て各12万部で絶版にすることを申し出て了解を得たのだった。

単行本出版部門のその後

さて、単行本は7点を数え、事業として恒常的な体制を立てる必要があった。当時、社内の企画会議で「プレイガイドジャーナル社での単行本出版の考え方」を提案した。当時の考えが出ているので引用してみよう。

◎単行本部門の位置づけ
・雑誌編集者、編集を離れた者、誰もが関われる。
・編集経験の集約が生かせる可能性が高い。
・雑誌の組織している表現者を単行本に定着させる。読者の希望にも対応。
◎単行本出版と興行の類似性と相違点
・ある予定した刷り部数（収容数）があり、その数を最大として販売集客努力をし、ある採算点を超えれば収益になり、満たないと赤字になる。
・刷り部数は無限大に増やしていけるが、興行の場合会場規模でかなり限定される。
・誰の本を出すか（出演者選び）は編集者が決定し、内容にも関わる。
・興行の開催期間は本番までだが、単行本の販売期間は区切る必要がない。
・全国に書店は2万店あり、販路は広い。
・雑誌と単行本の違いでいえば、1冊毎に異なった読者を想定できる点。
・単行本のしんどさは、いつまでも続くことだ。いつまでも続く読者の購読希望に応えなければいけない。興行は本番を経て終わる。
・出版はいつまでも注文に応える必要があるし、返品受入が途切れない。
・そのために日常的に販売業務が必要になり、委託販売が中心のため販売計数管理が欠かせない。
・単行本は在庫を持つ必要がある。そのためには場所の確保がいるし、決算でも資産になり利益・税金に影響が出る。
◎単行本販売部門の発足について
・以上に対応することが結局は成功への道である。未経験の分野だが、その経験は単行本を出していくことで得られる。
・発行点数が今後増えていくことが予想されるが、早急に体制を整えたい。
・採算性を追求していくことが不可欠。

・より良い本はもちろん、より売れる本を出す編集能力、企画段階からのプロモーション、1冊でも多く売る販売能力を高めていく。
・企画の社内討議が重要。
・本誌と連動したPR計画。

こんなことを考え、提案しながら、その後の単行本を展開していった。簡単に紹介しておこう。

川崎ゆきお『天地無用』（80年10月刊）。『猟奇王』が好評で迎えられての2点目になった。僕らも刊行ペースが早くなってきた。カバーデザインは日下潤一。

北中正和の書評を引用すると、

「この本のあとがき「ラストは哲学的に…」で川崎ゆきおはこう書いている。「イモ科の植物が土中にイモを実らせると云うのは、もうどうしようもないことで、そのどうしようもないモロの現象が面白くてたまらない」

川崎ゆきおのマンガが好きな人なら、この言葉に素直にうなずくにちがいない。逆に言えば、この言葉の面白さがわからない人は、川崎ゆきおのマンガが好きになれないのではないかと思う。どうして、なぜ、と考えても無駄である。川崎ゆきおのマンガは、マンガのコロモを着た形而上学であり、形而上学のコロモを着たマンガであり、そのテーマは、理由のない情熱（彼の言葉によれば夢、あるいはロマン）だからである。（部分）」（「ニューミュージックマガジン」81年2月号）

寺島珠雄『断崖のある風景　小野十三郎ノート』（80年10月刊）。『釜ヶ崎旅の宿りの長いまち』

につぐ2点目。僕は当時評伝をよく読んでいて、雑誌「新文学」の「小野十三郎ノート」連載をまとめたかった。詩人小野十三郎の昭和3年までの評伝と大正のアナキスト群像だ。これは著者のライフワークで、後の大作『南天堂』（99年　皓星社刊）に結実した。僕はこの種の本が出せるとは思ってもみなかった。

毎日新聞に載った書評から。

「小野十三郎に焦点をあてて二〇年代の終わりまでの詩人の軌跡を克明に追っているとはいえ、小野自身二〇年代初めにダダイズムの影響をうけ、ついでアナーキズムに走り、プロレタリア文学運動と対立するといった変貌をつぎつぎととげていっただけに、巧まずして二〇年代の前衛文学運動の詳細な見取図を描きだしているのだ。（部分）」（80年11月17日）

豊田勇造『歌旅日記　ジャマイカ―日本』（81年3月刊）。ジャマイカから帰国した豊田勇造の旅の日記を預かった。読んでみると、レゲエに魅せられて、その本場ジャマイカへ、ミュージシャンにも会ってみたいし、彼らのスタジオでレコーディングしてみたいと、初めての国に飛び込んでいったシンガーの武者修業ぶりが余すところなく書かれていた。その大胆で慎重な行動力と、現地の人びととの交流などが記録されてすぐれたドキュメントだった。「プレイガイドジャーナル」本誌にも連載したが、ジャマイカ日記の全編と日本のツアー日記を加えて出版した。カバーの蜂鳥＝ハミングバードのイラストは波多野友久。

豊田勇造は、ジャマイカ録音のアルバム『血を越えて愛し合えたら』とこの本が完成し、記念ライブも終えた4月、自身の「旅（歌うことと生きること）がぐるーっとひと廻りした」のでと、

豊田勇造『歌旅日記　ジャマイカー日本』（1981年3月刊）

1年間の活動休止宣言を発表し、ニューヨークに旅立った。

『ピープルズクロニクル』（81年5月刊）。「プレイガイドジャーナル」の集積した1年間の情報を、年鑑的にファイリングするような軽い本を出したかった。つまりアーカイブなのだが、その方法論を確立できないままに終わった。巻頭には、岩国学が大阪のフォークロック史を書き、これは貴重な資料になった。

鴨井信政『メキシコ・グアテマラ旅の本』（81年7月刊）。団体旅行の先にはバックパッカーが海外をひとりで歩きまわる時代になるだろう、その先駆者ともいえる鴨井信政が書き下ろした体験記と役立つ情報集だ。

「古代文明の遺跡を前にして古代人を想い危うく感傷に溺れそうになったが、いくつかを巡ることでこの気分を避けることができた」と書いた著者の体験に思いを馳せた。

小林正典『太陽のせいなの？　東アフリカ饑餓国境からの報告』（81年9月刊）。世界の紛争地に出かけて難民を撮り続けるカメラマン小林正典と出会い、ジャーナリスト仲間とともに編集した。

その後小林正典とは長くつき合っている。２０１６年には最新刊『マザー・テレサと神の子　新版』（ビレッジプレス刊）がある。

ポール・ウィリアムス・訳三浦久『ボブ・ディラン　一粒の砂にさえも　DYLAN-What happened?』（81年11月刊）。僕の「フォークリポート」編集時代、事務所に集っていたシンガーソングライターの中に中川イサトや村上律とともに金延幸子もいた。その後渡米した金延幸子の連れ合いポール・ウィリアムスの著書を日本で出そうと、大塚まさじから呼びかけがあった。その後来日したポール・ウィリアムスや翻訳を依頼した三浦久と話しあいを重ねた。70年代の変貌するボブ・ディランを見続けた著者のタイムリーな1冊だった。カバーのボブ・ディランの絵は森英二郎、デザインは日下潤一。初の海外版権エージェントを経由した翻訳出版だった。

中川五郎は「ニューミュージックマガジン」82年1月号で、「ポールは、66年の夏から73年の秋までのディランを「彼の非生産的な時期」だと定義し、その時期は、「家族と平和に暮らした日々と一致している」と指摘する。そして妻サラと

ポール・ウィリアムス・訳三浦久『ボブ・ディラン　ひと粒の砂にさえも』（1981年11月刊）

の破綻、復縁、離婚の体験の中から、『血の轍』や『欲望』に収められた傑作の数々が生み出されたとして、「最も個人的なものが、時には最も普遍的なものになりえることのいい例である。多分、最も個人的な感情において、誰にも共通する人間性が見い出されるのだろう」と彼は書いている。」とポール・ウィリアムスのディラン論を紹介した。

２０１６年ボブ・ディランがノーベル文学賞を受賞したので、もう一つ書評を記して、ディランの横顔を示そう。

［一九七九年秋にディランが突然のごとく行ったサンフランシスコでの連続コンサート（略）この時期ディランは、クリスチャンとして生まれ変わったことで話題を呼んだが、同時にジャーナリズムからは批判もされた。著者はそんなボブ・ディランの全体像に迫ろうとし、ディランの作品は六〇年代より七〇年代のほうがすぐれているとする。時代の変遷とともに、より内的に、しかもよりパワフルになったというのである。（鐘）］（「朝日ジャーナル」82年1月22号）

糸川燿史写真集『ジェイズバーのメモワール　映画「風の歌を聴け」より』（82年1月刊）。

糸川燿史は「プレイガイドジャーナル」本誌に写真ページ「漂流記」を連載していた。その81年10月号の「漂流記」は、大森一樹監督の呼びかけで新作『風の歌を聴け』のスチールを担当していて、その作品になった。ほどなく僕は糸川燿史を訪ね、多くの感動的な映画シーンと撮影風景の写真をあわせて見せてもらった。それらは混ざりあって映画とは違った興味深い写真集になりそうで、1冊にまとめましょうと話しあった。糸川燿史は、「一度セピアカラーの写真集を出してみたいと思っていたが、この写真集はそれが一番似合っていると思う」と決断したのだった。

一方、本誌82年3月号にはみね・ぜっと（峯正澄）の『風の歌を聴け』イラスト&ルポが載った。彼の独特の文体も味わい深く、この写真集と共振しあうようだった。峯正澄の文章は忘れがたく、のちにビレッジプレスで「雲遊天下」を出したときには連載を依頼した。

「ウィークエンドスーパー」82年3月号の書評から。

〔私は本しか読んでないんですけど、この写真見た感じでは、原作よりいく分やさしさがあるみたいっすね。プガジャなどで見てましたけど、もともと糸川さんはやさしい写真が好きなようです。セピアカラーがきれい。真行寺君枝は美人だけど、ちょっとやせすぎでドキリとさせられるカットもあります。巻上さんは変わらないリアリズムがいーよーです。（野歩）〕

糸川燿史写真集『ジェイズバーのメモワール
映画「風の歌を聴け」より』（1982年1月刊）

安田光堂『太陽のそばの十二月』（82年8月刊）。82年7月に「プレイガイドジャーナル名古屋」から移ってきて僕らの一員になった小堀純は、盟友北村想の戯曲集『不・思・議・想・時・記』を79年に刊行していた。そんな出版の可能性があるのかと教えられ、関西の劇団「そとばこまち」の座付き作者安田光堂の戯曲集を編んだのだった。

井上義啓『猪木は死ぬか　超過激なプロレスの

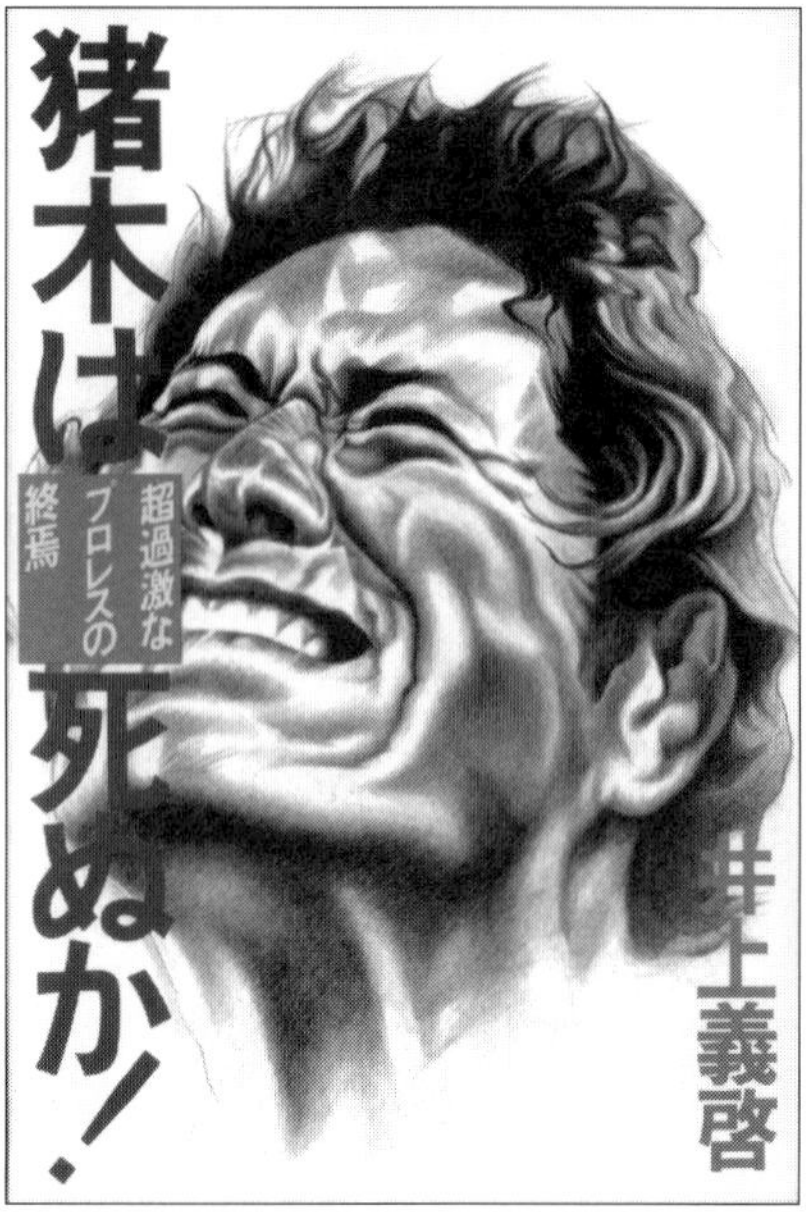

井上義啓『猪木は死ぬか　超過激なプロレスの終焉』（1982年11月刊）

終焉』（82年11月刊）。格闘技ファンの小堀純と福瀬淳一が編集した。カバーイラストでアントニオ猪木を描いたのは江原美紀。デザインは日下潤一。また小堀純の大阪での初編集になった。著者は「ファイト」編集長だが、その「ファイト」82年11月30日で、「さすがと感心させられる名調子が色濃く出ている。「プロレスとはその人の主観であり感覚的な世界である」——著者はいつもこう言っている。」と紹介された。

ところで、いよいよ『ぷがじゃMAP83』にとりかかった。82年4月ごろ取次・柳原書店の清水義一郎から、東京の「ぴあ」が出した『ぴあマップ』の関西版をプレイガイドジャーナル社で出さないか。もしノウハウがなかったら地図のワラヂヤ出版を紹介するので一緒にどうか、と声をかけられた。ありがたいことだし、望むところだった。ワラヂヤ出版の日下福蔵社長と会って話すと、自社で出版したいから編集制作をやってくれということだった。地図の使用では苦い経験もあったし、手描き地図なら得手だがカラー地図製版は未経験だったので、提案通り情報取材・撮影や編集・記事分野を担当することにして契約した。

編集長に森晴樹がついて、本誌とは別に編集態勢を組んだ。豆村ひとみ、津村卓、西森徹、竹内久恵、橋本佳代子、田島典子、八木淳、石原基久とさらに10人ほどが加わった大所帯で、京阪神と奈良をカバーするために「青春街図」で培ったノウハウと収拾した情報を集大成する意味もあった。当然編集部全体でとり組む一大プロジェクトになった。

10か月間の制作期間で取材したスポットは約2000、情報内容は詳細を極めた。例えば、〔「大劇名画」洋画2本立。ロードショーにかからなかった作品もよく上映される。土オールナイト　料金900円学700円　355席　住所電話〕
〔「カプセルニュールピア」男性のカプセルルームにはテレビ、ラジオ、目ざまし付。女性のカプセルルームはベッドのみ。チェックイン4PM　チェックアウト10AM　門限なし　料金3000円（入浴サウナ込み）　住所電話〕
〔「845」4ビートのジャズ中心、質が高い。ライブタイム7〜11PM　チャージ1000円日定休　34席　住所電話〕などなど。

こんな情報と地図を満載して『ぷがじゃMAP83』（ワラヂヤ出版刊）は82年12月完成した。

チャンネルゼロの出版も好調で、81年10月までに「漫金超4」を出し、単行本はいしいひさいち『バイトくん3名もなく貧しく美しくもなく』に続いて、ひさうちみちお『山本さん家の場合に於るアソコの不幸に就て』（82年2月刊）を刊行、僕らも書店販売に精を出した。

映画『ガキ帝国』製作と公開（81年2月）

『性春の悶々』（75年）、『肉色の海』（78年）、日本維新派の『足の裏から冥王まで』（79年）などを撮った井筒和幸監督は、かねてから温めていた作品『ガキ帝国』を次には何とか実現させようとした。「プレイガイドジャーナル」誌上での連載でもその気持ちはたびたび表明していた。

80年前後から、自主制作映画や8ミリ映画を撮っていた映画作家はいわゆる劇場映画の製作へ道が開かれつつあった。全国映画館チェーンで上映され、ときには大手映画資本のもとで撮る場合もあった。

大森一樹は『オレンジロード急行』（78年）、『ヒポクラテスたち』（80年）、『風の歌を聴け』（81年）と続いた。森田芳光『の・ようなもの』（81年）、石井聰亙（現石井岳龍）『狂い咲きサンダーロード』（80年）、長崎俊一『九月の冗談クラブバンド』（82年）などもそうだといえる。

ATG（日本アートシアターギルド）は僕にとっては映画の故郷のようでもあった。最初期のジャン・コクトー『オルフェの遺言』、ビットリオ・デ・シーカ『ウンベルトD』、イングマール・ベルイマン『野いちご』などから始まって、封切られた外国作品はほとんど見ていた。

そのATGは79年になって、佐々木史朗社長が「一千万円映画」を監督・製作グループとで折半した共同プロシュースの映画作り方式を発表したのだった。それは67年から打ちだした創造社などの独立プロと提携する「一千万円映画」とは違って、自主製作映画やピンク映画の製作を続ける若手監督に対して折半でやろうと呼びかけたものだった。

井筒和幸は『ガキ帝国』を、当初の製作規模を見直すことでATGと話し合いをやったのだろう（連載では六千万円程度との見通しを書いていたこともあった）。その際ATGは、監督の側の製作者、実際に映画を作る側のプロデューサーとしてプレイガイドジャーナル社をあげて、相談してみてはと提案があったようだ。

井筒和幸と、共同でこの企画を推進してきた脚本の西岡琢也の二人は、林信夫にATGの提案を踏まえて話を持ってきたのだった。3人は佐々木史朗と会い、その後も脚本の検討を進めながら、実現する可能性をさぐっていった。

その間のやりとりは、西岡琢也が「イメージフォーラム」（81年5月号）に書いた「製作ノート」にくわしい。最大の問題は製作費の圧縮だった。

〔はたして、『ガキ帝国』という企画を、一千万円で完成させることができるのかどうか？　幾らピンク映画の世界で、知恵を絞って低予算と対決してきたからと云って、登場人物が百余人も出る長尺の劇映画を、創り切れるモノなのかどうか？

私は、作品規模として、優に一億円を超えるものと想定していた。（略）

『ガキ帝国』をATGで一千万円映画として製作に着手するのは、一か八かの賭であり、冒険であったのは確かだった。〕

また良い映画にするための突っこんだ話し合いも3人で続けていた。

社内で林信夫から相談を受けた僕は、もちろんいい話だと思った。こんな機会は望んで得られるものではない。林信夫はプロデューサーとして新しい次元に踏み出せるのだ。プレイガイドジャーナル社としても劇場映画の製作社になれるし、これで良い映画ができればいうことはない。製作費の分担金500万円が捻出できるかどうかは問題だけど、公開して回収できないと決まったわけではない。映画の撮影がどのように進むのか、何もかもが未経験だった。林信夫はプロデュースを引き受けようと決めた。

ATGとの契約を終え、『ガキ帝国』の製作は80年6月からスタートした。

本誌80年7月号で井筒和幸は、

〔赤裸々な、映画「ガキ帝国」が、いよいよ、道頓堀のドブ川から頭をもたげ、「ザ・フォッグ」の様に浮上して、製作実行の触手を動かし始めた。（略）この「ガキ帝国」に、どっぷり、身を浸らせてみようと意気まくガイな人は、知らせてきてほしい。〕と呼びかけた。続いて80年8月号で出演者募集広告を出し、予想以上に希望者が集まった。

80年9月16日、『ガキ帝国』はクランクインした。

しかし、不可能なほど製作費を圧縮したために現場スタッフの苦労はたいへんなものがあった。西岡琢也の「製作ノート」（「イメージフォーラム」81年5月号）がやはりくわしい。

クランクインまでの製作スタッフ陣の選任や、100人以上になるキャスティングなど。そして撮影が始まって10月13日のクランクアップまでの日々。チーフ助監督も務めて製作の要だった西岡琢也は「地獄の日々」と書くが、実際、彼は撮影中に大事故に巻き込まれて死にかかったのだ。この間の「製作ノート」に描かれた4週間は、もう一つの壮大な映画物語といってもいい濃密なドキュメントだ。

全期間を取材した映画評論家梅林敏彦の撮影ルポが、「ZOOM UP」ほかの雑誌に写真も含めて掲載されている。

本誌12月号に井筒和幸の「撮り終えて」が載った。

〔ミナミは冷たい街である。キタもミナミも冷たいコンクリート街だ。そこで思い切り熱い子供らの映画を撮った。（略）リュウがチャボが叫ぶ。ケンが走る。服部が唸る。ポパイが笑う。タカオがひっくり返る。京子がハイを噛む。和子が差別する。アコが脱ぐ。ゴキが飛びはねる。ゼニが歩く。工藤が吐き上げる。そしてジョーショーが鬼に変わる。そしてそして、ケンが又、走るのだ。来年も近い。〕

プロデューサー林信夫は同号で、

〔いろんな意味あいで、この映画というのは、大阪の今の若い人達の、なんていうか、表現の集大成と思てるわけや。（略）具体的に撮影に入った段階でも思い知らされた、やっぱり井筒と西岡は仕事やるうえで、ひじょうに信頼できるヤツラやな。自分らのやりたい事をやってるってのもあるけど、自分らのやらなあかんことを見事にやりとげたな。メチャメチャしんどい状況の中でな。〕と語った。

81年2月、大阪から先行ロードショーが始まった。

各紙誌には驚くほど映画評が載った。佐藤忠男、白井佳夫、松田政男らが81年度ベスト5に選び、キネ旬ベストテンでは7位だと報じられた。

映画評論家の佐藤忠男は、

〔この三人の俳優がじつにうまい。漫才でキャリアをつんでいる紳助竜介に愛嬌があるのは当然だが、趙方豪の歯切れのいい動きのなかからにじみ出してくる悲哀感はなかなかのものである。この三人にかぎらず、何十人と登場する不良少年を演じる俳優たちがみんなそれぞれに活き活きとしていて、ひとりひとり違った味を出すように工夫しているのがこの映画のなによりの強味である。この多数の人物の性格を鮮やかに描き分けた西岡琢也のシナリオもうまいものだし、井筒和幸の演出もたんにきびきびしているだけでなく、たいへんキメこまかいものである。（略）

このケンをはじめ、朝鮮人の不良少年が何人も登場し、はっきり朝鮮語で自己主張をするのも、不良少年ものとしては画期的である。（略）

大阪派の出現である。もちろん大阪弁のドラマ自体は珍しくないが、この作品のばあい、朝鮮人の多い都市としての大阪の一面もくっきりと浮き彫りにされて、その大阪臭の濃密さが改めて新鮮な魅力になっている。〕（「シナリオ」81年3月号）

「朝日ジャーナル」（81年3月27日）では、

〔趙方豪が演じているのは、紳助・竜介の演じる仲間が北の組織に対応する必要上、自分たちも組織暴力化しようとするのに反対して、あくまで遊びの純粋さを主張する生一本な朝鮮人少年である。この直情径行で気骨のある魅力的な人物像を描き出したことだけでも、この作品は凡百の非行少年映画よりはるかにぬきんでている。

この映画は大阪のタウン誌が半分出資し、大阪在住のスタッフによって大阪でつくられた。全編大阪のロケであり、威勢のいい大阪弁がとび交う。東京と京都という二大中心から離れた、大阪派の誕生といってもいい。(TS)」と報じた。

観客の入りも上々だった。林信夫は不良少年役の出演者たちに前売券の販売を依頼したが、彼らはミナミの地下街で声をかけて売りまくったそうだ。自分たちの映画だと胸をはったことだろう。

しかし、製作費圧縮の影響か、現場費用はかなりオーバーして歯止めはきかなかった。その責任は現地製作を担う監督とプレイガイドジャーナル社側が負う仕組みだった。実状を理解したATG側からも一定の上積みはあったが、監督の側も負担したし、わが社もずいぶん苦しむことになった。

ヒットし東宝系拡大ロードショーになったりで、景気のいい数字が出るのだが、配給はATG、実質の配給は東宝だった。配給経費、宣伝費一切、上映用フィルムのプリント費用などは容赦なく天引きされたうえで、残りの50%が配当として振り込まれてくることがわかった。

拡大ロードショーにしても、同時期の『マッドマックス』のヒットのために上映期間が短縮されてしまったことも痛かった。使った金をなかなか回収できないまま、上映もだんだん少なくなり、最後の希望をテレビ放映収入にかけたのだった。本誌創刊時の協力者だった読売テレビの大槻鶴彦が動いてくれたのかテレビ放映権は読売テレビに決まった。

さあ、これで何とかまとまった配分があると期待したのだが、次章でくわしく述べるがその時には林信夫も僕もプレイガイドジャーナル社から離れ、契約当事者ではなくなっていた。最後がどうなったかは知ることもなく、でも映画『ガキ帝国』は存在し続けているし、そのエンドロールに名前は残った。

128　ミナミの街を、縦横無尽に逃げる、ケン。（夜）
機動隊員らが追って来るが、簡単に見失ってしまう。
知り尽くしたミナミの全ての路地や小径を走り抜けて行く、ケン。
――カメラ、走り続けていくケンの姿を追い続けて。

129　エンド・マーク
スタッフ、キャスト・タイトル、ゆっくり、ローリングして出て来る。
（西岡琢也『ガキ帝国』台本より）

宣伝用ポスターは2種類つくった。一つは川崎ゆきおの絵で、こちらを多用したが、もう一つ、あまり知られてないが山本容子の版画バージョンがある。林信夫が保存していたので載せておこう。

林信夫は映画の取り組みが続いていた。ATGの佐々木史朗社長に紹介された荒戸源次郎は、80年に鈴木清順監督『ツィゴイネルワイゼン』を製作し、その公開を専用のエアドーム「シネマプラセット」をつくって全国を回っていた。

彼の製作第2弾、『ガキ帝国』と同時期に製作された『陽炎座』（監督鈴木清順、81年）の大阪

映画『ガキ帝国』（1981年2月）ポスター

の上映を引き受けることが決まった。ちょうどオープン10周年を迎えた心斎橋パルコと共同で主催することにした。やはりエアドームを設置する場所選びが難航し、結局南港のフェリーターミナル前に決め、81年9月に上映した。

続いて12月には、アンコール上映として、芦屋ルナホールで鈴木清順監督『陽炎座』『ツィゴイネルワイゼン』と内藤誠監督『時の娘』の3作品を上映した。

オレンジルームと提携した「フィルムワーク」も活発に続けた。81年10月から82年12月のラインナップをあげておこう。

矢崎仁司『風たちの午後』、手塚眞『MOMENT』、今関あきよし『フルーツバスケット』、犬童一心『赤すいか青すいか』、長嶺高文『歌姫、魔界をゆく』、末井昭『恋人たち』、杉森昌武『ティッシュペーパー』、「アンダーグラウンドシネマ新作展」「ぴあフィルムフェスティバル」。

また、オレンジルームと新しい試みも進めた。82年10月の「キャンパスシネマフェスティバル82」は大学映研などで製作している若手映画作家の作品を上映する機会をつくった。当日は森田芳光らをゲストにティーチインとゲストフィルム上映で構成。また82年11月には、自主映画フェスティバル「オレンジフィルムボックス83」を83年7月に開催するために、作品公募を開始した。

新事業の展開、海外旅行企画の終わり

心斎橋周辺地区のコミュニティペーパー「WOW・WOW」を75年に創刊し、78年終刊を経てWOW・WOW心斎橋放送局を立ち上げたことについては前述した。

引き続いて難波を中心にした新聞「サザンピープル」を80年4月に創刊することになった。このプロジェクトでは、紙上で「吉本興業史」の連載などを続けながら、81年6月の髙島屋大阪店なんば開店50周年記念の一大イベント「漫才50年展　エンタツ・アチャコからザ・ぼんちまで」の開催につなげていった。これは監修香川登枝緒、構成林信夫で、吉本興業の協力で貴重な資料が展示され、ずいぶん話題になった。

80年4月には、プレイガイドジャーナル社と笑の会の共催で漫才ティーチイン「エンタツ・アチャコ、あのゴールデンコンビをのりこえる日」（普門館ホール）を開催した。出演は井上宏、藤本義一ら。

「サザンピープル」はその後雑誌スタイルに変え、毎号巻頭には、林正之助吉本興業会長や桂米

朝、広沢瓢右衛門らのインタビューが続いた。編集部は橋本佳代子、田島典子、豆村ひとみ、向井久仁子で、3年続いた。

81年11月に中之島に大阪府立文化情報センターが誕生し、林信夫ははじめて公的な機関の企画委員に就いた。若い世代からの発言を期待されたのだ。そして前章でふれた82年5月最後の「第5回ミニコミフェス」は、この文化情報センターとソニータワーで全3週間の長期展になった。おかげで視聴覚ライブラリーがあって居心地のいい文化情報センターにはよく出かけたし、本来のサービスである「文化活動、生涯学習に関する情報の提供」のための「情報源情報」が整備されつつあり、僕ら情報誌をやるものにとって情報収集ノウハウや実際の情報がずいぶん役にたった。

「サザンピープル」第7号
（1981年6月刊）

林信夫の次の大きなプロジェクトはなんばＣＩＴＹの呼びかけに応えたものだった。広大な商業スペースが広がるなんばＣＩＴＹは、79年オープン時にはイラストマップを制作を依頼されたりしたりしたが、そのなんばＣＩＴＹの南端の一画にスタジオを作るので、運営してほしいというものだった。

ソニータワーでのミニコミフェスやビデオ放送局、文化情報センターでの企画など、種々の展開をこれからは自前の常設スペースで実現できるのだ。その情報センターという機能を持ったスペースを、より具体化した名称という意味で「メディアスタジオ」とした。

イベントや常設展示、集積した情報によるサービス、チケットや雑誌類の販売など日常的な運営にあたるわけだが、従来の活動の集大成的な意味あいがあった。しかし、より大きな課題は常に情報発信することなのだろう。当然ながら全員で取りかからないと対応できないほどの大きなプロジェクトなのだ。

「メディアスタジオ」は82年10月にオープンし、「自由大学　ヤングカルチャー講座」を1か月間組んだ。テーマは「就職しないで生きる方法」、フリーランスのクリエーターや創造的な展開をするショップ店主などを結集した。ついで「ワンダーフィルムフェスティバル」を企画した。11月にはマレーネ・ディートリヒ展を招致した。このあたりはまだ好調で来場者もずいぶん多かった。

しかし、1か月30日は長い、マジメに毎日をイベント企画で埋めていく作業は気の遠くなるような経験だし、企画して告知し集客する繰り返しはなかなかハードだった。日常的には情報サービスや常設展とミニコミ・雑誌類の販売、スペースをイベント用に貸し出すなど、また編集分室的な運営にならざるをえなかった。このスペースで音楽のライブができなかったことも残念だった。それでも1年半ほど持ちこたえたが、継続できなくてまもなく閉めることになった。

現在2017年から見れば容易に何をめざそうとしていたのかがよくわかる。文化情報センターやメディアスタジオは、イベントスペースとしての物理的な空間はあったとはいえ、情報センターとしての機能が柱だったといえる。その分野に関しては、要は情報を集積して利用者が多様に検索できる「インターネット」をやろうとしていたのだろう。もちろん「プレイガイドジャーナル」という〝情報〟誌の場合もそうだった。

インターネットとそれを繰る小さな機器があればすべて事足りる時代よ幸いあれ。1文字1文字ガリを切って謄写版で雑誌を作った無上の楽しみは我らのものだよ。

同じころ、82年11月に髙島屋から新しく「LABプレイガイド」を開設するので、チケットの仕入れやPRで協力してほしいと提案があった。プレイガイドノウハウを得るにはいい機会なので取り組んだ。

京阪神の主催者に呼びかけたり、本誌で扱いチケットの告知を徹底したが、なかなか思うようには展開できなかった。売れないと預けにくる主催者も遠のくし、後発プレイガイドを軌道に乗せるのは容易ではなかった。

時代は街頭に出てきた情報ネットワーク、キャプテンシステムのビデオテックスがサービスを開始する前夜だった。わが社もオフコンを導入して経理や会員名簿管理、フリーマーケットの販売管理などで利用していたので、チケットの座席管理までいくのは理解できたが、力不足だった。2年ほどがんばったが撤退を余儀なくされた。

さて、海外旅行の企画だが、「アメリカ夏の陣」は70年代で役割を終えたようだ。80年と81年はTICと共催で実施したが、新しいパワーを打ち出せなかった。「ネパール冬の陣」も80年が最後になった。

TICは79年からバリツアー「バリトロピカルマジック」を始めていた。バリも魅力的な場所だったし、行った友人も少なくない。アメリカを経て帰国、その後にバリに移った森喜久雄は永住地もバリを選んだ。TICから一緒にやらないかと誘われたが辞退した。82年5月にTICはアイランドに社名を変更し、鶴野龍一が運営するようになったが、今ではそれも古い話だ。

代わって僕が企画したのが82年3月の「上海自由遊覧」だった。日中旅行社と共同で立案した。日中旅行社からは個人で自由に行動できる中国旅行が可能だと情報を得ていたので、おもしろいツアーが企画できるかもしれないと思ったのだ。僕は中国の文学や映画が好きだったので個人的にも行ってみたかった。上海では、魯迅故居や魯迅公園、共同租界、虹口、内山書店址、南京路、外灘、蘇州などを訪れたかった。前年にオンシアター自由劇場『上海バンスキング』公演も終えたばかりだった。しかし直前まで参加するつもりだったが、仕事が山積で、どうしようもなく涙を呑んだ。

参加者の中に、松竹芸能の木村哲夫、吉本興業の田中宏幸、本誌連載中の上田賢一、詩人の木澤豊、スタイリスト川口真利子、本誌スタッフ豆村ひとみらが参加した。彼らは帰国後、本誌5月号で特集を組んでその健脚ぶりを披露した。

好調続く演劇公演

80年代に入ってもっとも活発に動いたのは演劇公演だろう。松原利巳は演劇情報欄とプロデュース担当で大活躍だった。背景には、演劇公演を望む会場、関西公演を希望する東京の劇団、演劇公演をサポートしようという企業の増加などがあったのだろう。そのさなかの80年11月に松原利巳が貧血で倒れてけがをしたアクシデントも思い出す。

各公演を個々に触れる余裕はないので、一覧的に紹介してみよう。

東京ヴォードヴィルショーとつかこうへい劇団は最もあぶらの乗りきったころだったのだろう、毎年必ず公演しているし、僕らも待ちのぞんだのだった。

東京ヴォードヴィルショーはもちろん佐藤B作が一座のリーダーだが、演出は毎回誰かを立て、自身は主役を演じた。松竹新喜劇の藤山寛美のやり方に通じるのだろう。

80年7月『ニューヨークニューヨーク』作喰始、『朝吉の大冒険』作陳玉砕、2作連続。(普門館ホール)、81年9月『いつか見た男達』作松原敏春（府立労働会館)、82年6月『突然の夜明けに』作松原敏春（大阪郵便貯金ホール)。

つかこうへい劇団は観客も多く大きなホールになったが、つかこうへい演出の冴えを見せた。言葉とそれを発する役者の存在感はいつの場合も確かだった。

80年4月『熱海殺人事件』(毎日国際サロン・京都教育文化会館)、80年12月『蒲田行進曲』(毎日ホール)、81年5月『ヒモのはなし』(毎日ホール・京都会館)、81年12月〜82年1月『銀ちゃんのこと』(芦屋ルナホール・毎日ホール)。

81年6月、オンシアター自由劇場『上海バンスキング』作斎藤憐・演出串田和美（大阪郵便貯金ホール・京都教育文化会館・名古屋中小企業ホール)。

68年の「演劇センター68」結成時に僕は金一浩司と一緒に斎藤憐と会い、知己を得ていた。最初に自由劇場を見たのもその頃で、作斎藤憐・演出観世栄夫の『赤目』だった。80年6月に斎藤憐が訪ねてきた。『上海バンスキング』を翌年81年6月に大阪でやらないかということだった。この盛名は鳴り響いていたので、喜んでやりましょうと応えた。

実際の舞台は吉田日出子の歌や出演者の生演奏が客席を盛り上げ、観客も興奮し、完成度も高く、主催者冥利に尽きるものだった。かつての大阪労音事務局の同僚や大阪労演事務局員が何人もおしかけてきたのは驚きだったし、つくづくやってよかったと思った。

状況劇場公演は、81年5月『お化け煙突物語』演出唐十郎（大阪護国神社）、82年4月『新・二都物語』演出唐十郎（大阪護国神社）。

80年12月、天井桟敷『奴卑訓』演出寺山修司（京都大映撮影所）。広大なスタジオで、暗転はまったく真っ暗闇だった。演出家はこの闇がほしいためにこの場所を選んだのか。さすがに映画撮影所。

82年2月〜3月「オレンジルーム演劇祭」。

劇団新感線『広島に原爆を落とす日』演出いのうえひでのり、シュン太郎劇団『つかこうへいさん　ちょっと』演出秋山シュン太郎、そとばこまち『受験編「明日にむかってすべれ」』演出つみつくろう、第2劇場『糞氏物語』演出洞口ゆずる。

82年6月〜7月「夏季集中演劇ゼミ」（オレンジルーム）。

秘宝参番館『夢みる、力』演出竹内銃一郎、転位21『異族の歌　伊藤素子オンライン詐欺事件』演出山崎哲、ティーチイン山崎哲・竹内銃一郎・衛紀生・扇田昭彦。

82年10月〜11月「熱海〝連続〟殺人事件」（オレンジルーム）。

4劇団による「熱海」共演企画。そとばこまち『熱海殺人事件』演出つみつくろう、劇団新感線『熱海殺人事件』演出いのうえひでのり、シュン太郎劇団『熱海殺人事件』演出秋山シュン太郎、第三劇場『熱海殺人事件』演出マキノノゾミ。

82年6月〜12月「CABIN85小劇場」（バナナホール）。

そとばこまち『オズの魔法使い』演出上海太郎、劇団新感線『寝盗られ宗介』&『ストリッパー物語』演出いのうえひでのり、ヤングゼネレーション『ダンサー』演出うじたとしあき、ミュージカルアカデミー『SWING』演出渡辺タカシ。

日本たばこ産業（当時日本専売公社）がサポートする小劇場シリーズを松原利巳（彼も僕も煙草は吸わなかったが）がスタートさせて、そのメイン会場にバナナホールを選んだ。

ライブハウスはずいぶん増えていた。なかでも僕らがよく使ったのは、ホール・劇場機能を優先するスペースで、音楽だけでなく演劇や映画にも対応することで島之内小劇場とオレンジルームだった。バナナホールは82年3月にオープンしたばかりだが、舞台と音響や照明設備も充実していて、ロビーや楽屋も備え、本格的な小劇場だった。松原利巳は新しい演劇シリーズをこのホールでと決めたのだろう。

並行して「CABIN85戯曲賞」（第1回募集開始82年6月　発表83年5月）がスタートしたが、関西では画期的なことだった。その運営は松原利巳が担い、審査員は別役実・人見嘉久彦・秋浜悟史・佐藤信・菊川徳之助に委嘱した。

ますます困難になる音楽イベント

音楽の80年代は静かに明けた。僕の関わった少しの経験を振りかえれば、大阪労音が60年代末にまずおかしくなり、次いで急成長した音楽舎だったが、好調を維持できずに70年代中ごろには低迷し、代わって春一番やオレンジレコードが若々しく乗り出してきたが、70年代の終わりには活動を終えた。春一番はどっこい１９９５年に復活するが。

数々の音楽活動・運動を生み出した大阪だが、花開かせた期間は短い。東京や全国に波及し、マスコミはおおいに喧伝し、人びとは熱狂するが、大阪で当初担った連中は疲弊し食いはぐれる。そんな経緯を何度も見た。

オレンジレコードの幕引きをした阿部登を支えたのがＮＯＮＳＴＯＰの中井猛だった。彼は渡辺プロダクションの社員だった時代にロック部門ＮＯＮＳＴＯＰを立ち上げた。

77年からの「冬の陣」コンサート（毎日ホール）や大塚まさじ「風が吹いていた」コンサート（厚生年金ホール）、79年から夏の「ＪＡＭＪＡＭスーパーロックフェスティバル」（万博お祭り広場）の制作をやっていた。また僕らが3号で手を引いた音楽雑誌「ＥＡＺＹ」はその後終刊したが、入れ替わるように中井猛が新しい音楽雑誌「ＨＩＰ」を79年11月に創刊した。

この「ＨＩＰ」は創刊後ほどなくして編集長に阿部登が就き、彼を中心に、古賀正恭、岡正夫、竹内久恵、加納大助、光山明美、鏡孝彦、和田康子、豊田耕二らが集まり、帰国していた辰己康雄、浦野成治も加えてもらって、彼らの仕事の場を確保したのだった。それだけでもこの寂れた時代をどれだけ元気づけたことか。

3年後の82年11月に「ＨＩＰ」は終刊したが、その後この阿部登のチームから大阪の音楽業界を支える人びとが育っていた。その後中井猛は独立してヒップランドミュージックを設立する。鏡孝彦はグリーンズ、和田康子はキッスコーポレーションを率い、古賀正恭はＦＭＣＯＣＯＬＯで、２０１７年の現在それぞれ活動している。

僕は「ＨＩＰ」に連載した沢田としきのコミックを中心にした作品集『Weekend』を84年に出版するが次章で触れる。また光山明美は小説の世界に進み、94年『土曜日の夜』（マガジンハウス刊）で高い評価を得ることになる。彼女は後年僕が創刊する「雲遊天下」にも登場する。

フォークソングやロックからニューミュージックに替わるころ、ミュージシャンのマネージメントを担う音楽事務所が輩出し、それらと連携する各地の主催者、プロモーターが生まれた。そのころから音楽興行を専門にする若い世代のグループをイベンターと呼ぶようになったのだろう。夢番地、サウンドクリエーターはこの時期にスタートし、２０１７年の今も健在だ。

そういった大阪の音楽地図の中で、さて、僕はといえば、ブギウギオフィスの奥ヶ市明と毎日ホール中垣孝鵄との3社共同で、ダウンタウンファイティングブギウギバンドの月一ライブや旅行と組み合わせた夏の与論での野外コンサート、鬼太鼓座との共演などの企画を2年程続けた。

唯一気を吐いたのは、82年8月に大阪城野外音楽堂で開催した「ＨＯＴ ＳＨＯＴ82」だろう。これは「20世紀の谷間社」との共催で、僕の方からは宇崎竜童、大塚まさじ、豊田勇造、VOICE & RHYTHMを、谷間社の坂本洋が小田実と小沢遼子に出演を呼びかけて、開催した。20世紀の

「HOT SHOT 82」（1982年8月）

谷間社は北摂べ平連の流れをくんだ「いまこそ世直しを！市民連合」の事業組織で、メッセージを持った野外コンサートをと企画した。

彼らの運動的側面を全面にした情宣や動員を一緒にやりながら、パワフルな彼らの活動に目を見はった。同時に、コンサートか集会か、というとらえ方の違いが出たこともあった。小田実が舞台の構成に不満を洩らし、なだめる場面があったのも懐かしい思い出だ。しかし、いいコンサート・集会になって終わることができた。

僕はシンガーソングライターとのつき合いもあったし、その著作権を管理するエージェントができるとは思わなかったが、可能性は探ってみたかった。秦政明が、ミュージシャンのマネージメントで音楽舎を、レコード制作販売でURCレコードを、そして著作権管理会社のアート音楽出版を設立していたことも知っていた。僕もミュージシャンの本を出し、良い歌をたくさん見ていたので、それらがそのまま埋もれてしまうのではなく、世に知られ聴かれ歌われる機会を作りたいと思っていた。

82年にクリエイト大阪の井出悟と横山欣司と話しあったさい、同じようなことを考えていたようで、一緒にやろうということになった。井出悟らは舞台監督から制作に転身しようと考えていたのだろう、まもなくSPCミュージックを発足させた。SPCは島田企画（金一浩司の関連事務所）、プレイガイドジャーナル社、クリエイト大阪の3社の意味。しかしまもなく僕の方は、プレイガイドジャーナル社の財政逼迫でなんら活動ができなくなった。残念だが抜けさせてもらった。その後は井出悟社長のもとでSPCミュージックは事業を拡大させていった。

大きな判型を選ぶ道筋と「マガジン83」プロジェクト

81年10月号から編集長に村上知彦を迎えた。彼はチャンネルゼロの役員だったから招聘することになる、といっても「プレイガイドジャーナル」ともずいぶん長いのだ。

4月ごろ、森晴樹は編集部内のスタッフ会議で、編集長を退きたいと表明した。何冊か単行本の編集制作に携わってきて、その方で活動したいということだった。

その後任をどうするかの話し合いの中で希望的意見として村上知彦の名があがったのだが、当然本人とチャンネルゼロの了解を得なければならない問題だった。

チャンネルゼロとの関係でいえば、彼らが刊行する「漫金超」と単行本を取次ルートで書店販売することを受託していた。お互いに販売に努力していたし、日常的に交流があった。「プレイガイドジャーナル」の情報ページや制作面は問題なかったし、松原利巳を専任プロデューサーに就けて発行体制を整えた。一方、こちらで何ができるかを考え、季刊「漫金超」の刊行が遅れがちなのを、森晴樹が加わって協力することも提案した。

そういった話し合いの末、村上知彦編集長が誕生した。彼の最初の改革は、村上知彦と日下潤一とでデザインの見直しをすることだった。誌名ロゴをはじめ情報ページも含めて段組やタイトルなどを新しくした。また従来は表紙と目次ページだけだったのを、全ページにわたって日下潤のBグラフィックスが手を入れることになった。

表紙には森英二郎のイラストと短文（82年1月号は峯正澄）を組み合わせた。

一方、編集面では売れゆきを期待して毎号のように特集を組んだ。名画館、スタジオ、サマーフェス、フリースペース、学園祭など、加えて随時興味深い企画が展開し、B6判型時代最後の充実した1年間だった。村上知彦の活動範囲である映画やマンガの世界の新しい書き手、やまだ紫、内海陽子、宇田川幸洋、四方田犬彦、いしかわじゅん、寺島令子、亜庭じゅん、川本三郎らが次々に登場するのはずいぶん新鮮だった。

ところで、好むと好まざるとにかかわらず「Lマガジン」と競合せざるを得なくなっていた。同じ情報誌と言われている2誌が同時にのびるには関西は狭い世界なのだ。

しかし、客観的に見れば「プレイガイドジャーナル」は結局敵ではなかった。たちまちのうちに、まず広告で圧倒的に差をつけられた。僕らは広告代理店とのつきあい方ではほとんど素人だった。部数でも書店販売で差をつけられてしまった。書店営業などもほとんどできていなかった。わが道を行く、のだが、強い対抗誌があるといやおうなく欠点が目につくものだ。

判型が一番の問題だった。B6判と倍の大きさのB5判の差はいかんともしがたかった。広告代理店のくれるアドバイスは否定的なことばかりだった。広告主が全国ネットで広告を出す場合、各誌に同一版下を出すのだが、「プレイガイドジャーナル」の場合は作りかえる必要があり、その段階で見送られてしまうというのだ。広告スペースが小さいので広告代も上げられないし、代理店の手数料も少ないので力が入らないという。だいたい「プレイガイドジャーナル」は広告がらみのパブ記事を頼んでも聞いてくれないではないかと、嫌みを言われる始末だった。書店店頭での目立ち方でもマイナスだという意見もあった。

印刷でも問題はあった。発行部数は5万部前後にまでなっていたが、それ以上の部数を刷るとなるとオフセット輪転機が普通で、製本まで一貫していて効率がずっと良くなる。だが、B6判はオフ輪転にはかからないということもわかった。ページ数はすでに128ページで高止まりしていた。それ以上に増やすことは従来の印刷機では無理を重ねないとできなくて、ということは費用的にもスケジュール的にも難しい問題になるのだ。

そのうえ、従来のオフセット印刷では印刷期間が短縮できず、発売日に一斉に書店に並べるのが難しかった。これは印刷だけの問題ではなく、トーハン・日販の取次雑誌システムに乗ろうとすると一括東京本社納品が不可欠だった。

つまりは限界にきている印刷をどうするかと、取次システム全体の見直しをしないといけないという問題にまで進むのもやむを得なかった。

もちろんこの改革には新しい編集方針がともなうこと、デザインのリニューアルが不可欠であることもわかっていた。

82年6月になって「マガジン83」プロジェクトを立ち上げた。判型変更や編集方針、財政問題などを集中して討議しようというものだった。会議は村上知彦編集長が中心になるわけだが、また新たな負担をかけることになった。

8月には小堀純が大阪に移ってきて専従に加わった。彼は「名古屋プレイガイドジャーナル」(創刊時「プレイガイドジャーナル名古屋」)の編集長で演劇担当だったが、82年春に終刊してしまった。大阪にもときどき来ていたので、彼がこれからどうやっていくのかという話もしていた。その後僕らと一緒にやることを決めたのだ。住まいも大阪に引っ越した。

合流後、すぐに「マガジン83」プロジェクトに加わり活動を開始した。従来のやり方・あり方を見直して再出発することになるわけで、新しく加入した村上知彦と小堀純の意見を軸にプロジェクトは進めることにした。

ところで、「マガジン83」での討議は、立ち上げるまでの経過を踏まえて、もうすでに判型をどうするかということではなく、B5判にして、それをいかに成功裡に移行・達成するかということを討議する場だった。

年明けの83年1月号からB5判にすることを決めて、移行プランを作成し、そのための活動を開始した。10月からまず広告部が先行する形で動き、ダミー版を制作し、クライアントや代理店に向かった。

編集部も体制を整えて、11月号出稿を終えしだい新体制を発足させた。B5判に拡大するのにはデザインワークが一番難しい。日下潤一とBグラフィックスに頼って村上知彦との突っこんだ話し合いは続いた。11月・12月号で大々的に告知した。12月号表紙短文は村上春樹だった。

Ｂ５判最初の83年1月号は１２８ページ、カラー8ページ建てと決めた。それはＢ６判では２５６ページに相当するのだ。広告もかなり増やしているが、本文文字の大きさは変えなかったので編集面も倍増したことになる。原稿量だけでなく、新しい編集方針が当然必要になる。

村上知彦編集長は、現状と見通し、新しく採用する編集方針について、膨大な会議資料を残している。

ここでくわしくは触れる余裕はないので、要約してみると、

〔「プレイガイドジャーナル」の従来の読者とは、観客と表現者がいつでも往還する人びとだった。それは70年代の特徴でもあった。しかし部数が増えて読者が広がるとその原則がくずれてきた。また編集サイドでもその意識が薄れていった。80年代にその回路をどうとりもどすか、言葉を換えれば、表現者のための情報流通システムをどうとりもどすか、それが新しい「プレイガイドジャーナル」の課題だ。「人間のいる情報誌」というコンセプトを打ち出したい。そして、今はまだ読者でいる人を明日の表現者としてとらえなおしたい。〕（引用者の抜粋）

オフセット輪転印刷は、ひとまずこの10年間印刷を引き受けてくれた双葉工房を通して大阪高速印刷との契約を進めた。大阪にはいくつか輪転機をもった工場はあったが、大手は別にすれば、新聞の印刷をやっていたり下請けでまわしていたりで、直で新規取引をするにはやや敷居が高く、より安全な方法を選んだのだ。月刊誌なので流れを止めることはできなかった。

そして、僕にとっては資金繰りなど財政計画があった。売上増、広告増が最重要になるので広告部販売部の奮起も期待しないといけない。考えられる限り適材適所で体制立て直しも実行した。

しかしこの分野での弱さは覆うべくもなかった。それは一朝一夕では間にあわない、僕らの選んできたやりかただったのだ。

しかし、どうやらこの道しかないようだ。険しいのは覚悟していた。まだ陽は高いのだ。

82年12月には『ぷがじゃＭＡＰ83』（ワラヂヤ出版刊）も完成し、戦線は整ったようだった。

プレイガイドジャーナル編『ぷがじゃMAP83』
（ワラヂヤ出版・1982年12月刊）

1983年1月号（絵=森英二郎）

1984年12月号（絵=栗岡佳子）

1985年3月号（絵=栗岡佳子）

第4章 塩町・厳冬

1983年1月~1985年9月

編集長=村上知彦~小堀純

1985年9月号（絵=栗岡佳子）

B5判「プレイガイドジャーナル」スタート（83年1月）

83年1月号は完成した。スミズミまでピシッと決まった、力強い、立派な雑誌になった。表紙では黄色いトレーナーを着たランナーが画面いっぱい走っている。本文には随所に挿画が配置されている。表紙イラストは森英二郎、アートディレクションは日下潤一だ。

とにかく登場人物が思いっ切り多い。本誌10年間と村上知彦につながる人びとがのびのびと登場した。

「人類は数《かず》の子《こ》だ！」

村上知彦は「黄昏編集後記」で、

〔表紙の色校正が出、写植があがりはじめたいま、ようやくおぼろげに形がみえ始めたところだ。できあがって、書店に並んでみるまでは何ともいえないが、情報誌としてはかなり風変わりなものになりそうな気が、今のところする。（略）ぼくらはぼくらにとって〝面白い〟と思えることをやるしかない。〕その答えが特集「人類は数《かず》の子《こ》だ！」なのだろう。

副編集長向井久仁子、プロデュース松原利巳だった。さて、寒中のランナーは風を切って走りはじめた。

83年1月号の陣容は以下。

村上知彦、向井久仁子、森田裕子、福瀬淳一、片山禎三、吉川佳江、白藤靖子、兼田由紀夫、津田宏美、春岡勇二、入江まり、竹内久恵、橋本佳代子、八田明美、村元武、松原利巳、小堀純、森

晴樹、土屋茂、春木宏司、林信夫、豆村ひとみ、牧田裕子、津村卓。

83年4月号からプロデューサーを小堀純に替えた。彼はすっかり大阪に定着してリーダーシップを発揮し始めた。村上知彦とタッグマッチで新しい方向を打ち出すことが期待された。あわせて、表紙イラストは井上佳子に、デザインもエアーズの下東英夫と戸垣利章になった。

村上知彦は本誌知名度と自身の広い交友範囲でもって毎号登場人物を増やしながら、巻頭常設の「ぷがじゃバラエティランド」に集約していった。彼は編集会議で、〔対談、インタビュー、連載コラムなどで有名ライターをどんどん起用し、「情報誌プラス1」を打ち出して他誌と差別化する。同時に全国大都市に販売ルートを広げていく。交換広告している他誌とも記事交流を深めて知名度を高める〕と提案していた。

83年4月号からスタートした「THE RADER　情報過多時代のニュー情報欄」はその一環だろう。橘川幸夫編集の雑誌「イコール」との共同企画だった。いわば活字しかない時代に試みたツイッターや電子掲示板とも言えよう。このころからニューメディアやＭＴＶ、ミニＦＭなどが顔を出しかけていた。

83年6月号で中島らもが初登場。7月号から「微笑家族」をスタートさせた。のちにベストセラー『啓蒙かまぼこ新聞』『微笑家族』（ビレッジプレス刊）になる連載だ。

83年7月号から宝酒造の新発売チューハイ広告が決まり、本誌オリジナルで対談シリーズを企画した。桂文珍vs橋本正樹、村上春樹vs大森一樹、上田正樹vs川邊博史、佐藤B作vs北村想らに登場を願って評判をとった。

84年1月号からは大阪に関する用語事典「大阪呑気事典」がスタートした。のちにＪＩＣＣ出版局で単行本化される好企画だった。

増えつづける情報と読みごたえのある記事と、Ｂ５判の大きな紙面はそれらを吸収してバランスをとりながら号を重ねた。

映画上映、演劇公演、単行本の取り組み

映画上映について。

長寿企画「フィルムワーク」（オレンジルーム）は83年1月から83年11月まで続き、これで最終になった。

手塚眞ほか『ポッキーホラーショー』、内田健太郎『赤字怪談いるいる』、橋本以蔵『ISAMI』、大友克洋『じゆうを我等に』、本山俊也『粋な芝居は即興で』、山川直人『パン屋襲撃』、今関あきよし『MILK○MILK』、犬童一心『夏がいっぱい物語』、手塚真『FANTASTIC PARTY』、牛山真一『ハートじかけのオレンジ』、森田芳光『ライブイン茅ヶ崎』、尾崎将也『空気のかんづめ』、「ぴあフィルムフェスティバル82ベストセレクション」、「プライベートアニメフェスティバル」、「ファンタジック・ギャルズ・ムービー・スペシャル」。

83年7月「オレンジフィルムボックス83」入選作上映会（オレンジルーム）。

83年2月「第8回映画ファンのための映画まつり・新世界シネマフェスティバル」（新世界公楽座）。「映画ファンのための映画まつり」実行委員会（実行委員長高橋聡）は、前年度に公開された作品から映画ファンの目で見て秀作ベストテンを選び、毎年2月に映画まつりを開催して上映してきた。監督や俳優のゲスト出演も呼びものだった。8回目のこの年は、映画で街づくりをという考えの新世界街づくり委員会と共催になり、僕らも協力した。

演劇公演について。

83年4月、東京ヴォードヴィルショー『七輪と侍』作高平哲郎、『俺達の聖夜』作松原敏春、『そして誰も笑わなくなった』作松原敏春（大阪郵便貯金ホール・京都シルクホール）。3作品を日替わりで公演した。

83年6月、オンシアター自由劇場『上海バンスキング』作斎藤憐・演出串田和美（毎日ホール・京都勤労会館）。アンコール公演。

83年5月〜11月「CABIN85小劇場」（バナナホール）『喜劇紫龍の黄金狂時代』演出紫龍、『スターボーズ』演出いのうえひでのり、『北の駅』演出秋山シュン太郎。

「CABIN85戯曲賞」（第2回募集開始83年6月、発表84年3月）。審査員　別役実・人見嘉久彦・秋浜悟史・佐藤信・菊川徳之助。

83年2月〜3月「オレンジルーム演劇祭」道化座『生涯』演出須永克彦、南河内万歳一座『都会の扉』演出内藤裕敬、第三劇場『蒲田行進曲』演出マキノノゾミ、第2劇場『碧星序説』演出四夜原茂、劇団男と女『島っ子純情』演出紫龍。

84年2月〜3月「オレンジルーム演劇祭」南河内万歳一座『都会からの風』演出内藤裕敬、第三劇場『住み込みの女』演出黒筋マス吉、展覧会のA『Beatlesがやってくる! WAR! WAR!

WAR!』演出ココ山岡、ちゃかぽこ調書『百鬼丸惨状』演出洞口ゆずる、ファントムオブパラダイス『炎のたからもの』演出坂本チラノ。

83年7月〜11月「THE新劇」(オレンジルーム)。くるみ座『花と風狂　私説恋法師一休』演出人見嘉久彦、潮流『釈迦内棺唄』演出藤本栄治、ぼうふら『愛情は深い海の如し』演出田中弘史、関西芸術座『12人の怒れる男』演出上利勇三。

83年3月、劇団彗星『寿歌』『寿歌・II』演出北村想(オレンジルーム)。

83年12月第三劇場プロデュース『つか版忠臣蔵』演出マキノノゾミ(バナナホール)。

83年6月名倉ジャズダンススタジオ「Can't Stop Dancin'」(大阪厚生年金ホール)。大阪労音時代からだからずいぶん長いつき合いの山田修は、クリエイト大阪で舞台監督をやっていたが、SPCの井出悟同様、制作の仕事にも踏み出そうとしていた。彼がプロデュースしたこの大阪公演をやらないかと連絡があり、協力することにした。僕にとっては大ホールでの仕事はこんな機会でもないと縁遠かったのだ。

84年2月『ムジナ』作高階杞一・演出小松徹(オレンジルーム)。「第1回CABIN85戯曲賞」で惜しくも入賞を逃がして佳作だった高階杞一の戯曲『ムジナ』のプロデュース公演。高階杞一は僕にとっては詩人で、80年に出した詩集『漠』(青髭社刊)はことのほか印象深く愛読した。

単行本企画について。

『ぷがじゃMAP83』(82年12月、ワラヂヤ出版刊)。前述の通りB5判「プレイガイドジャーナル」スタートにあわせて発行が間にあった。

『ヤングタウン9』『ヤングタウン10』（83年5月、84年12月刊、編集プレイガイドジャーナル・制作クリエイト大阪・発行シンコーミュージック）。

チャンネルゼロはこの期間に3点発行した。刊行を遅らせていた「漫金超5」（83年7月刊）もついに完成し、続いて川崎ゆきお『ライカ伝上』『ライカ伝下』（83年11月同時刊）を出した。

高森和明写真集『愛先生の子どもたち』（83年12月刊）。前述の『太陽のせいなの？』を出版した小林正典とデザインの奥田幸義と僕とですっかり意気投合し、多くのカメラマンに呼びかけて良い写真集を出していこうと計画した。

写真家が思いっ切り仕事を広げ、表現の場で活躍できる時代だった。ジャーナリズム、ドキュメント、アート、広告、紙媒体など、モノクロ、カラーを問わず撮影に追われていた。もちろんデジカメはまだまだ先の先だったのだ。その第1弾だった。

「パキスタン自由遊覧」（83年12月）

70年代に硬派のライブやイベントを企画していた大阪駅前の名物喫茶店オメガのオーナー宮崎宏は、店を閉めてから海外に旅立ち、その先々から忘れたころにコレクトコールで僕に電話をしてくるのだった。中東やアメリカから、時にはデモの真っ最中のレポートなど。特派員になったつもりなのだろう。

ところが彼はいつの間にか帰国していて、82年12月だったか、「アメリカ夏の陣」に参加した田中〝ジェシー〟増穂のレコードショップＬＩＯＮで再会した。

パ・キ・ス・タ・ン・自・由・遊・覧
パキスタンの国を知り、パキスタンへ旅行しよう。

N.W.F.P
PUNJAB
BALUCHISTAN
SIND

インダス文明、ガンダーラ美術、ムガール帝国などの歴史的遺産の宝庫。

「パキスタンの文化」

インドのほんむこう側、そして激動するアフガニスタンやイランのこちら側

「パキスタンでの生活」

気候・衣

食

住

交通

通貨

営業

参考資料

「パキスタン自由遊覧」新聞（1983年12月）

宮崎宏は世界各地で見てきた数々の体験を熱っぽく話した。中でもリビアの地中海沿岸の遺跡や韓国慶州の遺跡、パキスタンのガンダーラ遺跡などの素晴らしさを力説した。「上海自由遊覧」（82年3月）に続いてツアーを組みたいと考えていたので、宮崎宏と話しながらそれが少しずつ具体化していった。

83年5月にはパキスタン航空に出向き、そこから旅行社クリーデンスコーポレーションを紹介され、協力を得たので12月の実行を決めたのだった。

例によって、無知の強味というか、やるからには自由に行動できて誰もがやらない行程を組んだ。宮崎宏頼みだ。9月には「パキスタン自由遊覧」新聞を発行して情宣を開始し、中津のチャイショップ・カンテグランデで説明会を開いた。

83年12月26日出発、カラチで入国し、まずガンダーラ地方の中心地ペシャワールに飛んだ。ここで数日間滞在して自由行動だ。

カイバル峠に行こうとツアー参加者の豊田勇造と二人でバスに乗ったが、手前のハイウェーに

入るゲートで降ろされてしまった。前年にソ連がアフガニスタンに侵攻した紛争があって国境が閉鎖されていたのだ。もちろんそのニュースは出発前から気になっていたが、期せずしてその一端を垣間見たることになった。ものものしい警戒と、パターン人の本拠地で自治区なので銃を持った人も多く、バスの途中では難民キャンプが広がっているのを見た。

ペシャワールは東西交易の中継地で、にぎやかなバザールや仏教遺物を集めた博物館を訪れたが、街はムスリム特有の服装や帽子を被った男ばかりだった。

朝夕にはコーランの朗唱が響いた。ある朝、突然の大地震に遭遇して飛び起きたが、レンガ造りのホテルは崩れそうに揺れ、みんなで寄り添って息をのんだ。

豊田勇造は帰国後、この町の歌をつくった。

この街の朝は祈りで始まる　　朝日に向かってじいさんが立つ
この街の朝はチャイで始まる　　ヤギのミルク沸かすにおいがする
昔この国へ攻めて来た時　　仏像の首を切りとった人の
血が流れてるとは思えない　　やわらかいパキスタニが歩いて来る
花の都ペシャワール　　荒野に咲く街
生き急ぐことはない　　死に急ぐこともないと

やわらかいパキスタニが　歩いて来る
（作詞・作曲豊田勇造「花の都／ペシャワール」より）

その後めいめいで列車に乗り込み、渓谷沿いに東へ下り首都イスラマバードへ向かった。途中タキシラで下車し、ガンダーラ遺物が集積されたこの国の代表的な博物館をおとずれた。イスラマバードに隣接する旧都ラワルピンディの指定ホテルで無事全員集合。翌日大都市ラホールへバスで移動するという行程だった。

ラホールでは、ムガール王朝の栄光を残すシャリマール庭園や文化的雰囲気の中で過ごし、カラチ経由で出国、1月7日無事帰国した。

参加者の顔ぶれから少し紹介しよう。事務所に同居の石田一廣、VAN99ホール以来のつき合いの北吉洋一、マンガ家黒田クロ、ウルドゥー語を話せた山根聡、新宿の写真家渡辺克巳。

僕はといえば、日々困難になる会社運営を忘れてパキスタンで一時を過ごせたのはありがたかった。

84年2月には「オキナワ世界演劇フェスティバル」へのツアーを組んだ。渋谷ジァンジァンの高嶋進が惚れこんで沖縄にジァンジァンをつくったのが80年、沖縄独特の企画を続けていた。その一つがこれで、大阪でPRして旅行団を組めないかということで協力した。TICと日本旅行に扱ってもらった。

「21世紀ディレクターズユニオン」旗揚げ（83年4月）

83年4月、林信夫は「21世紀ディレクターズユニオン」を旗揚げした。

さかのぼる81年10月に、プレイガイドジャーナル＆阪急ファイブ10周年記念「トークショーオオサカ2000」（オレンジルーム）を開催した。当時大阪市は、21世紀に向けて都市のありようを考えるプロジェクトを立ち上げようとしていた。トークショーでは小松左京、村上知彦、上田賢一（司会）らが出席し、公開討論になると、

「大阪には公営ホールはゼロ。才能を持った若者はたくさんいるのに、大阪にはそれを育てる人と場がない。行政にまかせていたら発想が貧困だ。若者文化の人と場づくりが（自分たちで）やれないか（部分）」（朝日新聞　81年10月12日）などの発言が相次いだ。

それからまもなく、82年4月に大阪21世紀協会が発足し、林信夫は専門委員に就くことになった。彼の活動は協会内の戦後派委員会が中心だったが、その動きの中で若い世代の活動家集団を立ち上げようとしたのだ。

こうしてスタートした「21世紀ディレクターズユニオン」（21DU）は、大阪の街づくりに関わり、協会関連イベントなどの受け皿になり、若いクリエーターが行動できる場でもあった。

「プレイガイドジャーナル」のスタッフとは別立てでメンバーを集め、当初のスタッフでは、西島宏（キャンパスネットワーク）、川上勝（プロットチームスペース）、回陽豊一（キングコング）、平井康祐（気分屋雑貨店）、津村卓、吉原豊子、内田茂らがいた。

しかし83年7月号から本誌では寄稿がきっかけで何号か論争があった。21世紀ディレクターズユニオンを大阪21世紀計画とからめての批判のようだったし、林信夫もその紙面でまともに応えていた。が、それぞれがかみ合ったようにも思えなかった。活動をはじめたばかりの21DUにずいぶん性急な批判でもあった。バブルへ向かう時代の大阪だったし、関西新空港や巨大プロジェクトに賛否がうずまいていた。大阪の方向性を巡って人びとは百家争鳴の様相をみせていたのだ。

講座欄の編集担当だった白藤靖子が、

［たった一年やったけど、結論は「ババ」やった］と寄稿者への不満を書いて、84年1月号で担当を降りて論争を終わらせた。

そのころ、阿部登は僕に「林信夫を市長にしたい」と話したこともあった。自分たちの現状をわかっているし話し合える市長になる、我々の世代の中では一番市長に近い位置にいて実現する可能性があるから、というようなことだった。阿部登は「大阪の文化　若者の手で再生を」という朝日新聞（82年1月1日）の座談会で、

［この人だったらいろんなことを言える。ついていける、という大人が必要やと思う。先進的な若者の行動は常にアナーキーや。それをアナーキーなままに終わらせるか、文化まで育てるか、カネとモノと権力を持っている大人たちの役割も大きいと思う。（略）行政、財界、そして既成文化人のおぜん立てでは、何も変わらないと思うで。］と発言していた。

僕は、林信夫をもちろん掩護していたが、アングラの出でアナ系だったから、阿部登のような考えにはついぞ思いいたらなかった。しかしまっとうな考えに目を開かされる思いがした。彼の

雑音にとらわれない独自の見方、考え方を聞くのが僕は好きだった。

大阪は若い世代の営為には一貫して冷たかった。儲けにつながらない遊びは問題外なのだ。そのことは肌身にしみている。そのためにどれほど新しい企てがつぶされていったことか。

行政もそうだった。かつては公園ひとつ貸してくれなかったし、民間の企業も、鉄道も新聞も銀行までも自分らで作りだしたのだ、やれるならやってみろ、というのだろう。

そのうえ残念なことに、何とか先に少し光が見えてきたとき、本来協同するべき人びとの間で批判しあうこともあったのだ。お互い食えないのに、それでいて何とか食おうと動いたら足を引っ張りあう。そんな場面をいくらも見てきた。

しかしそんな動きに左右されずに21DUに加盟したメンバーは、公的な機関や地域、街おこしなどに参加し、どんどん発言しはじめていた。

林信夫は大阪の街づくりへの関わりとして、「WOW・WOW」や「心斎橋放送局」「サザンピープル」「メディアスタジオ」を経て21世紀ディレクターズユニオンにまで来た。行政ともつながるこの分野の活動は僕らの組織に新しい広がりをつけ加えた。クリエイト大阪や有文社の立ち上げ同様に、メンバーの自発的な活動の行き方は、その明確な目的があり、社会的に少しは意味があり、かつ稼げるのなら歓迎だった。

しかし、その果実の実りを待つにはそれほど時間の余裕はなかった。

拡大路線が苦戦、編集長交代と元気な演劇公演

なんとかB5判「プレイガイドジャーナル」は1年が経過し、こと制作に関しては一応の軌道に乗ったようだ。しかし資金的には相当苦戦が続いた。広告も売上も思ったほどには増えなかったのだ。背に腹は代えられずに、印刷をANオフセットに替えるべく交渉を始めた。

本誌の写植・組版はすでにANオフセット系列のANアートに発注していた。B5判になっては従来の個人写植ではとうていおっつかないのだ。その関係でANオフセットと知り合い、実は、ということで知らされたのが、印刷も当初からANオフセットの輪転機が刷っていたということだった。輪転は24時間廻しているので業者間で融通し合うことは普通なのだそうだ。

当然直取引にすると安くやれた。この決断と、新しくつきあったANオフセットが「プレイガイドジャーナル」のすぐ先の命運をつなぐことになった。

判型を大きくしてまもなく、ややこしいときにややこしいニュースが飛び込んできていた。83年6月、朝日放送が大金を用意して新しい情報誌「Q」を発行したのだ。さあ、情報誌戦争だ！

まさにバブルそのものだった。この顚末は次に触れよう。

さて、81年10月号から編集長に村上知彦を迎えたが、1年ごとに去就を話しあうつもりだったのが2年半になってしまった。84年3月号が村上知彦の編集する最後の号になった。この間、村上知彦は編集長として、また「マガジン83」の中心メンバーとして、大転換を無事にやりとげることができたのは彼の力が大きかった。

84年4月号から小堀純編集長がスタートした。かつてない仕事量が押しよせているなかで、態勢を立て直そうとした。彼は編集長とプロデューサーを兼任するような豪腕を鳴らすこともできた。先は見通せなかったが、小堀純の指導性は僕らにはなかったもので抜きん出ていた。編集部は結束して困難に立ち向かうように思えた。

スタート時のスタッフは以下。

84年5月号　小堀純、土屋茂、兼田由紀夫、片山禎三、春岡勇二、吉川佳江、石原基久、林芳裕美、坂本隆司、富川亜紀子、村上知彦、森晴樹、向井久仁子、東良子、高野泰博、清水芳恵、橋本佳代子、村元武、林信夫、松原利巳、森田裕子、春木宏司、牧田裕子。

小堀純は当初の編集会議で、

「課題は3誌体制の中でどう相手と差別化し自己を際立たせるかだ。都市で暮らすことを中心に据えた〝生活情報〟を展開したい。生活を遊んでみせる世代であり、ライフスタイルに〝遊びの精神〟をもつ人びとへのメッセージだ」と提案した。

それは林信夫と藤原宏之の構成による「アルチザン倶楽部」として、生活情報やモノづくり情報で具体化された。

もう1本の柱は、村上知彦と小堀純が構成するエッセイ・コラム集「ぷがじゃバラエティランド」で、特集もこの中に組み込んだ。

この2大シリーズが小堀純の打ち出したカラーで、紙面上を見れば平穏に推移し84年毎月の号を重ねた。『女子プロレスラララバイ』を出したばかりの大山健輔と垂水章（写真）コンビによる連載「関西達人伝」や、石原基久と廣瀬万知子（イラスト）による「けったい小路」のシリーズも長く続いた。

ところが小堀純はなかなか編集長だけには専任できなかった。エアーズのデザイン面や制作ラインで目が離せなかったし、販売や広告にも目配りし、演劇興行や単行本企画もやりたかった分野だった。

一方僕は、日々資金繰りに追われ右往左往していた。出版の世界では売上げの入金は半年後になるのが普通なのだ。それはさすがに身体がおぼえていたが、印刷会社に対して支払いを数か月遅れのサイクルにしてほしいと申し入れたら、その代わりに手形を発行することを要求してきた。そうこうするうちに銀行残高の有無から目をはなせなくなってしまったのだ。

そのために84年前後のイベントについては、僕はもうほとんど見る余裕がなかった。しかしリストだけは載せておこう。といっても85年8月までで、それ以降は知らない。

演劇プロデュースは変わらず続いた。従来から演劇プロデュースを担当していた松原利巳の企画に加えて、「名古屋プレイガイドジャーナル」で演劇担当だった小堀純編集長も北村想や流山児祥をはじめ交友範囲はずいぶん広い。2人が競って企画した結果、すごいラインナップになった。

時代も後押ししていた。85年3月に扇町ミュージアムスクエア（OMS）がオープンした。大阪ガスの営業所を改装しイベントスペースに生まれかわり、続いて85年10月には上本町6丁目（上六）に近鉄劇場・小劇場が誕生したのだ。

84年4月、東京ヴォードヴィルショー『時のたつままに』作松原敏春（大阪郵便貯金ホール・京都教育文化センター・福岡・広島)、84年10月『夢なかば』作廣岡豊(大阪厚生年金中ホール)、85年4月『日曜日ナビはオルガンを弾いた』作北村想(ピロティホール)。

84年6月～12月「CABIN85小劇場」(三越劇場・オレンジルーム)。満開座『淀川大戦争』演出仁王門大五郎、「りんご姫」作小野小町・演出上海太郎。

「CABIN85戯曲賞3」(募集開始84年6月、発表85年3月)。審査員　別役実・人見嘉久彦・秋浜悟史・佐藤信・菊川徳之助。

84年9月～85年4月「パーキージーンシアター」(資生堂ホール)。『つぶやき森の出来事』演出いのうえひでのり、青い鳥『物語威風堂々』演出市堂令、劇団マキノノゾミオフィス『PH-7　火星みやげの少年少女』演出マキノノゾミ。

84年10月「THE新劇」(オレンジルーム)。劇団プロメテ『子供の領分』演出岡村嘉隆、劇団カオス『新・真劇』演出栗田倘右、劇団ふぉるむ『工場物語』演出小林哲郎、五期会『星月夜物語』演出山田交作。

85年2月～3月「オレンジルーム演劇祭」。大阪太陽族『工場物語』演出岩崎正裕、立命芸術劇場『質屋』演出片平誓子、甲南一座『寿歌II』演出麻野一哉、神大自由劇場『デジャヴュ』演出飯田元一。

北村想演出の劇団彗星86は3演目、84年4月『十一人の少年』(大阪郵便貯金ホール・京都会館)、85年11月『寿歌西へ』(八尾西武ホール)、85年12月『密林の王者』。

84年4月、劇団新感線『エレクトリックアイズ』(大阪郵便貯金ホール・京都教育文化センター)。

84年4月、状況劇場『あるタップダンサーの物語』演出唐十郎（京都乗馬クラブ・梅田コンテナヤード）。

84年5月、第七病棟『ふたりの女』演出石橋蓮司（西九条・スペースdig）。

84年10月、筒井康隆大一座『スイートホームズ探偵』『人間狩り』演出川和孝（毎日ホール）。

85年1月、五月舎『朝・江戸の酔醒』演出小林裕・出演風間杜夫（毎日ホール）。

85年4月、山海塾『始原への旅』（大阪年金会館中ホール・京都会館2ホール）。

85年8月、映画『血風ロック』流山児祥監督（扇町ミュージアムスクエア）。

単行本部門は日々資金的に圧迫されてくる中で、自費出版を中心に刊行を増やした。

単行本を突破口にと

単行本部門は日々資金的に圧迫されてくる中で、自費出版を中心に刊行を増やした。

石塚俊樹『ドーソンヴィル伯爵夫人は雨が好き』（84年4月　発行プラネット映画資料図書館・発売プレイガイドジャーナル社）。

石塚俊樹は大阪の自主上映の分野で早くから活動し、SF雑誌「空翔るエッセイ」や「ノアの方舟」の刊行、プラネット映画資料図書館設立にも尽力した。自身は共和教育映画社に属して「プレイガイドジャーナル」にも広告を長い間出してくれていた。彼の初めての作品集だった。

沢田としき『Weekend』（84年5月刊）。「ＨＩＰ」連載コミックをまとめた作品集。編集村上知彦。出版記念ライブもやった。（NEST　84年7月）。

「宝島」（84年7月号）に、

「『ガロ』で沢田くんのデビュー当時編集長だった渡辺和博氏も〝彼のマンガは舞台がニューヨークみたいなのに、日本語しゃべっててイイ〟と言うように、NY感覚と和風な感覚がいっしょになった沢田ワールドの独特のタッチは、見れば見るほど味が出るのだ」と紹介された。

チャンネルゼロ発行は2点だった。いしいひさいち『バイトくん全集1　屋根の上の午睡』（84年5月刊）、寺島令子『ひるのプレゼント』（84年5月刊）。

荒尾純写真集『巴里、刻のながれ』（84年6月刊）、浜田ツマ写真集『川の音』（84年8月刊）。小林正典と奥田幸義との共同で刊行する写真集シリーズ。

ぷがじゃ編『お役所だって味方です』（84年7月刊）。本誌「アルチザン倶楽部」から行政サービスも生活情報と位置づけてもっと利用しようという林信夫の企画。

豊田勇造アルバム（カセットブック）『センシミーナ』（84年9月）。豊田勇造とは『歌旅日記』を出版して、次はアルバムも、と話しあっていた。

しかし、70年前後から歌いはじめたシンガーソングライターにとっては苛酷な時代でもあった。誰もがメジャー系レコード会社から新譜を出

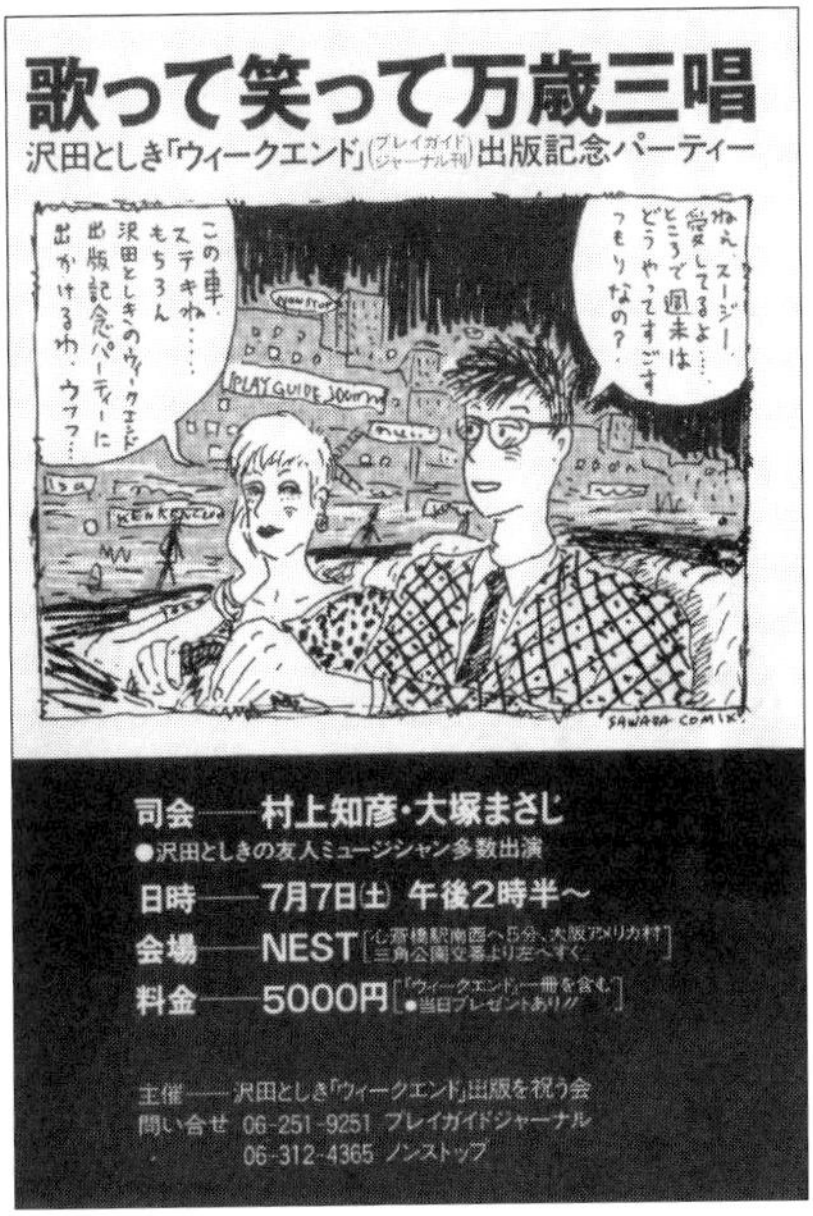

沢田としき『Weekend』出版記念ライブ（1984年5月）

「HOT SHOT 82」（1982年8月）

豊田勇造アルバム『センシミーナ』
（1984年9月リリース）

すことができなかった。「話の特集」（80年12月号）で、「なぜ、オレたちは自分でレコードをつくらねばならなかったのか」という座談会が組まれて、豊田勇造、友部正人、宇崎竜童、岩永正敏（パイドパイパーハウス）が出席しておおいに憤懣をぶちまけたこともあった。

そのうえ、時代はLPレコードが消えていき、CDの時代には再生機器の普及や価格などでまだ少し時間があり、いわばレコードとCDとの谷間といえた。

さて、アルバムを出すとなると、僕らには流通がなかったので、書店で販売できるということでカセットテープを中に埋め込んだ本の形式「カセットブック」を考案して出版・リリースすることを考えた。

僕にとってはURC時代以来のレコーディングだった。ここはやはりベテランに力を借りようと田川律にディレクターを依頼した。演奏陣は、豊田勇造と田川律の話し合いで、塩次伸二、佐山雅弘、森田恭一、松本輝夫に決め、東京国立のマーススタジオを84年6月21日から押さえた。

曲目は、「IN NEW YORK CITY」「サラ金ブルーズ」「さらば愛しき大地」「花の都／ペシャワール」「海の始まり」「背中」「センシミーナ」「11時の鐘」全8曲。

レコーディングは無事に終えた。カセットブックというからにはと、ブックにも力を入れた。高瀬泰司（元京都府学連委員長・スナック白樺店主）と豊田勇造の対談を柱に、友部正人、北村想、天鼓、山本和也、田川律の寄稿を得た。ジャケットイラスト沢田としき。完成後、豊田勇造は大阪キャンディホールでの発売記念ライブを皮切りに全国をまわった。

河内屋菊水丸『河内タイフーン』（84年11月）。カセットブックの成功を見て、石原基久と片山禎三が河内屋菊水丸の河内音頭を出したいと企画した。プロデュース佐原一哉。

引き続き単行本では、大山健輔（文）・垂水章（写真）『女子プロレスラバイ』（84年10月刊）。があるが、これは『猪木は死ぬか』に続いて小堀純の編集。

渋谷順子『SF怪奇映画ポスターコレクション1』（84年12月刊）、渋谷順子『SF怪奇映画ポスターコレクション2』（85年10月刊）。懇意の印刷会社から、印刷制作するが書店流通をできないかと依頼された。

鴨井信政『中国大陸放浪手引』（85年2月刊）。『メキシコ・グアテマラ旅の本』が好評だったので、中国から帰ってきた鴨井信政が書き上げて実現した。

北村想『想宇宙』（85年3月刊）。小堀純の企画。北村想率いる劇団彗星86の大阪公演も回を重ねていたが、北村想戯曲集を出そうということになった。東京ヴォードヴィルショーに書き下ろした「日曜日ナビはオルガンを弾いた」と「星月夜物語」を収録した。カバー絵は小堀由美。

石田一『ムービーモンスターズ2』（85年6月刊）。編集森晴樹。

北村想『想宇宙』（1985年3月刊）

このあたりがプレイガイドジャーナル社発行の最後になった。

再建計画が進んだが壊れる（85年2月）

84年5月号から本誌はANオフセットで印刷することになった。しかし毎月を支える資金はいやおうなく底をついてくるのだ。軌道に乗せるには長期化することが予想されたが、その余裕があるのかどうか。印刷会社の変更で印刷残高の確認などがあったが、1年半の輪転機の印刷は想像以上に負債を増やした。毎月の支払いには売掛金や未収金のかなりな回収が必須だが、うまくいってなかった。しかし印刷を止めるわけにはいかない。足りない分は自分たちの給料をストップさせるしかなかった。追い込まれる状況が続くようになった。

外部からの増融資、マンション売却案や、もっと根本的に経営体質を変える必要があるのではないか、他企業からの経営参加、あるいは「プレイガイドジャーナル」本誌を力のある発行者へ譲渡することも含めて、みんなの総意である雑誌存続を最優先にしようと決めた。

そんななかで、84年9月近鉄興業と話し合える機会があった。近鉄上本町駅を中心に上六地区の活性化が進んでいた。本誌72年4月号「界隈マップ」を見ると上六映劇、上六地下の映画館、上六ジャンジャン横丁、近くに上六大映などとパチンコ屋が集まっている庶民的な街だったが、その映画館を新しく高度な機能を備えた2劇場（850席と250席）に改造し、若者文化のムーブメントでその時代のソフトを創出していく計画だった。文化の発信地としてのアーティストタウン構想もあった。その計画に「プレイガイドジャーナル」とイベント制作能力の協力がほしいという。まさにタイムリーな呼びかけだった。ここはもう腹をくくるしかない、という感じで、内部でかなりつっこんで検討した。

重苦しい中にも気分転換できる話もあった。仲良くつきあってきたアメリカ村の面々とで盛りあがってアメリカ村一帯で秋祭りをやろうということになった。キングコングの回陽豊一、天牛書店の天牛高志、気分屋雑貨店の平井康祐、BAOBABの黒住隆子、パームスの日限萬里子、ラングーンの神波京平ら、そして街をたばねるアメリカ村ユニオンとも話し合いを重ねた。そのなかの何人かは21世紀ディレクターズユニオンのメンバーでもあった。

11月3日、アメリカ村ユニオンとプレイガイドジャーナルの共催で「ブロックパーティー84」は開幕した。

三角公園ではオーケストラピリピリと少年ナイフ、ネストではザウンドシステムのライブが、サンボウル地下では、マンガ専門店「わんだ〜らんど」南端利晴と共同企画でやまだ紫、みうらじゅん、川崎ゆきお、ひさうちみちおらが出席した「ガロ」トークが、そしてその横では古本文庫3千冊、中古レコード3千枚、ミニコミ3千冊の即売会、パームスではアフリカパーティー「ランガランガナイト」など、おもいっきり楽しんだのだった。

さて、11月に入り、近鉄グループの近鉄興業とメディアアートとの話し合いは具体化していった。「プレイガイドジャーナル」発行に関する一切を譲渡する場合　まず小堀純の考え方が前提になるだろう。彼は編集長に就いて半年あまり、ほとんど腕をふるう間もなかった。編集長とプロデューサーを兼任して雑誌運営についてずいぶん苦労してきていた。編集部のメンバーは彼の元で結束して意気軒昂だった。まだまだやれると思っていたし、やりたいことも山ほどあっただろう。実際資金面での破綻はあったが「プレイガイドジャーナル」誌に関してはダメージは何もなかったのだ。

一番の問題は経営が代わっても従来通りの編集体制でやれるかどうかだ。それに関して小堀純は3原則を主張した。

・小堀純を編集長として編集権を保障する。新会社になるなら小堀純は編集担当役員に就く。
・編集部全員を無条件で継続する。
・編集部予算の決定に関与する。

12月にはいって近鉄側から本格的に数字の精査があり、ANオフセットとは未払い残高の確認と弁済契約書も交わして、負債を確認した。2月号を休刊しないために資金の手当てをし、当面の期間のタイムスケジュールと半年間の資金計画を作成した。

この年が明けてから、85年2月、プレイガイドジャーナル社とメディアアート、近鉄興業の三者契約に至った。

ところが契約の3日後、このことを日経新聞が報道した。

「タウン情報誌経営に乗り出す　近鉄グループ　プレイガイドジャーナル社買収　ニューメディア向け　情報収集媒体に」（85年2月5日）。大きな見出しだった。

その翌日、契約当事者のメディアアートから連絡があって、近鉄本社の意向により解約したいということだった。劇場の協力関係は継続するが雑誌刊行にまで踏み込むのは見直したいと。

何というすばやい動きなのか。目が回るようだった。残念ながら最終的にそう決まったということで、これはもうしかたがないと思った。壊れるときは突然で、安堵する間もなかったし、あっけらかんとしたものだ。

その数日後、浦野成治が2月12日に亡くなったという知らせが届いた。さすがにこれはこたえた。実はこの本ではこれまで挙げてきたなかで少なからずの人が亡くなっているが、いつも一緒に元気にやってきたという思いで書いている。しかし浦野成治がこの時に亡くなったことだけは書いておきたい。

僕はとるものもとりあえず西宮での告別式にかけつけた。そしてバイクで行っていたので、帰り道は、あちらこちらへと走ってしまい、すっかり帰社を遅らせてしまった。事務所では小堀純が心配しながら待っていてくれた。

そこをまがると夕陽に染まった海が見える
涙がこぼれて風に向かって空を見る
何も考えない　何も考えない

波の向こうに体と体が舞い上がる
今日の事はおまえとオレとの二人の秘密
何も考えない　何も考えない
作詞・作曲阿部登「何も考えない浦ボンに」

僕と浦野成治が一緒にやった最後の仕事は『シューストリング東南アジア』の刊行だった。83年になって、彼がタイやバリをめぐっていたときずいぶん役にたったので、できれば日本で翻訳出版したいと持ちこんできたのだ。僕は彼と仕事ができるのを喜んで、オーストラリアのLonely Planet社に手紙を出し、翻訳可能と返事をもらったので版権をとったのだった。

それからは、浦野成治を中心に何人かで翻訳を進めることにした。しかしそれはずいぶん遅れていた。彼が顔を出すのも間遠くなってきて、たまに顔を見せたときどきには心が弱っていった様子もうかがえた。

浦野成治は亡くなった。残念ながらこの本も志なかばになってしまった。彼の遺志を思い、僕はさがらひとし、北井香織、古賀ふみ、森口幸枝、飯田三代、日下潤一、柏原三知子の協力を得て、亡くなった1年後にビレッジプレスで発行したのだった。

さて、再建計画は白紙に戻ったが、幸い広告が増えたこともあって少しの猶予期間が生まれた。小堀純編集長は本誌85年3月号の編集後記で、

〔読者の皆さんも驚かれたと思います。ハッキリ申し上げておきますが、プレイガイドジャーナ

ルの経営に何ら変化はありません。

プレイガイドジャーナルを私ら自身がつくりつづけていくこと――これは、今後もかわりはありません。私以下、現在のスタッフが初心忘るることなく、〃あらゆる表現のインフォメーション〃プレイガイドジャーナルを今後も出しつづけていきます。」と表明した。

この間に小堀純とで行く末についていろいろ話しあう時間ができた。また新しい再建案をもってきてくれる人もあり、二人で会って聞いたこともあった。東京の金一浩司は何度も来阪して相談したし、支援も申し出てくれた。しかし最終的には雑誌の譲渡か新経営陣によるしかないだろう、その方向でいい条件を選ぼうということで一致した。

85年5月に僕はバイクの中型免許をとった。それまでは50ccハスラーで遠出をしていたが、気分を変えるためにオフロードバイクで長距離のツーリングに出かけようと計画した。それからは独りで遠出もしたし、編集部内にもバイク好きがいて連れだって走った。

85年6月には情報誌「Q」を朝日放送が手ばなして、東京の情報誌「ぴあ」がそれを引き継いで「ぴあ関西版」になった。このころにはチケットぴあも動きはじめて、全国展開が必要になったのだろう。情報誌が情報産業に移った状況をやや醒めた目で見ていた。

新しい経営陣に移行（85年9月）

6月に入ったある日、110番舎企画のもず唱平社長から連絡があった。林信夫と小堀純と一緒に社にうかがうと、学生援護会と会ってみないかということだった。印刷をやってもらっているANオフセットの親会社だ。

まもなく笹川弘明関西代表と会う機会をつくってくれて、110番舎企画で小堀純とで会った。もず唱平社長の根回しや後押しがあったので話は一挙に進んだ。大きな印刷代未払いを残しているANオフセットとは、遠からずつっこんだ話し合いをしないといけないと考えていたが、一番いいルートで話し合えたのは好運だった。

110番舎企画との出会いは73年、「プレイガイドジャーナル」3月号で、上田正樹が映画『狂走セックス族』(監督皆川隆之)の音楽を担当したのを機会に、林信夫がシリーズ「同時代芸人」で彼をインタビューしたときが最初だった。その後いろいろ仕事を受けていたし、同社の門上武司も含めて林信夫や僕もつきあいは長かった。

7月になってANオフセットと具体的な話し合いが始まり、財務状態や残債、雑誌の収支、売上げや広告のチェックに協力した。

実際は極端に悪い数字ではなかった。回収できるかどうかは不確定ながら取次売掛残高や広告代未収などそこそこあったし、マンションも保有していたが、資金繰りはかなり悪かった。回収できないことが問題なのだ。ちなみに、84年4月期決算の数字を挙げると、出版売上5千万、広告収入7千万、公演収入4千万、制作収入5千万、合計年商2億1千万円だった。

当面の資金繰り表の作成や経理担当者との連絡会議を重ね、85年8月31日、ついにANオフセットと契約に至ったのだった。

小堀純の3原則も問題なく、編集長以下編集部他全員が残った状態で、村元と林信夫の両取締役が退任し、価値のなくなった全株式を譲渡し、新社長はANオフセットの社長が兼任した。

交渉のメドがつきそうになったとき、僕は一人だけの会社ビレッジプレスの設立を準備した。プレイガイドジャーナル社は単行本部門は引き継がないということだったし、単行本在庫は僕の給料など一連の未払金や借入金と相殺する形で引き取ること、それは以降の返品も同様に買い取ることが決まっていたのだ。彼らから見れば不良在庫なのだが、僕にとっては1冊1冊に思いがあった。ビレッジプレスでこれらを少しずつ売りながらこれからのことを考えようとした。いずれにしても単行本出版社をやれる余地を残してくれたのはありがたかった。

また、この間に森田裕子、林信夫、松原利巳が次への転進を考えて抜けていった。抜ける予定でまだ残務のためとどまって出社していた僕は、85年8月30日の夕方帰ろうとすると呼び止められた。連れられてそこに行くと編集部の若い連中が集まっていて、これから送別会をやってくれるというのだ。最高にうれしいひとときだった。今でもこの時のことは忘れられない。

85年9月1日から新社長になり、僕は残務引き継ぎを続けた。9月20日には新体制での記者会見もあった。

10月4日に9月決算を終え、いよいよ出社することもなくなった。しかし取締役として1年間ほど残るように要請されていたので、従った。引き継ぎの円滑化と契約履行のためなのだろう。未収金の貸し倒れなど不測の事態にも対処しないといけなかった。同時に小堀純編集長は編集担当取締役に就任した。

新体制がスタートした。小堀純編集長と編集部のメンバーが新しい経営陣との連携をはかりながら編集に専念できるよう祈るばかりであった。

85年9月号編集部は、小堀純、兼田由紀夫、片山禎三、春岡勇二、吉川佳江、石原基久、林芳裕美、坂本隆司、東良子、近藤洋行、土屋茂、森晴樹、村上知彦、大川雅史、片岡美砂、廣瀬万知子、川口尚子、清水芳恵、高崎真樹子、高野英二、高野泰博、竹内久恵、田島典子、玉田千代、豊田陽、春木宏司、橋本佳代子、村元武。僕の名が載るのもこの号が最後になった。

また、10月号の編集雑記では読者への挨拶も書く機会があった。

〔昨年秋以来の経営的な問題も、今回新しい経営陣に引き継ぐことができ、強力な営業活動と元気な編集部諸君によって、この雑誌も大きく飛躍する展望が見い出せたと思います。実際、何とか、雑誌をつぶさずにバトンタッチできてホッとしています。（中略）この14年間は、多くの人びとのあたたかいご支援なくしてはありえませんでした。どうもありがとうございました。〕

さて、85年9月1日、無事に株式会社ビレッジプレスが設立できた。一足先に株式会社21世紀ディレクターズユニオン社を設立した林信夫とで西天満に事務所を借りた。僕の方は机一つなので何と気分が軽いことか。

在庫保管は従来の倉庫をそのまま借りた。チャンネルゼロや他社の預かっている在庫もかなりあるのだ。当面は従来の取次口座を使わせてもらって販売を継続するが、ビレッジプレスで取次との契約交渉を開始した。

85年10月、近鉄劇場・小劇場がオープンし、松原利巳はここで制作を担当することになる。そして森田裕子は、心斎橋パルコのイベントをやっていた野口菜穂がスタートさせる制作グループ

「クリップクラブ」に、編集スタッフの田島典子とともに合流することになる。また、少し遅れて山口由美子は編集スタッフだった秦京子とで制作グループ「ハワイアンクリームカンパニー」をつくることになる。

以降の「プレイガイドジャーナル」や関連事業についてはもうこの本では触れないことにする。雑誌も資料も残さなかったし、書く立場でもない。本誌86年3月号特集「だから、バイク」に誘われたときだけは別だが。

86年1月24日早朝、ライダー全員がまず新世界通天閣下に集合して写真を撮った。それが特集「だから、バイク」の巻頭を飾り、それから東西南北4コースに分かれてツーリングをして、そのレポートで構成するということだった。僕は北コース、湯ノ花温泉、籠坊温泉、武田尾温泉の温泉巡りにした。温泉に入ったり、雪道を走ったりのムチャな走りを無事に終えて、ハードなツーレポを書いた。

またその特集でバイクチーム「ぷがじゃライディングクラブ」の坂本隆司と田島典子と村元でバイクと走りへの熱い思いの鼎談もやった。その月の役員会でそれを読んだ社長らに「ほう、バイクに乗るんですか？」とあきれられた。

ぷがじゃライディングクラブは、坂本隆司、大川雅史、春木宏司、片岡美砂、田島典子、橋本佳代子ら、それにまわりのヘビーライダー浅田トモシゲ（カメラマン）、清水一平（ミュージシャン）らを加えていつも走った。同じくミュージシャンの田中研二も入れておこう。ニュージーランドまで走っていってしまったが。

「ぷがじゃライディングクラブ」(1986.1.24)

僕はいよいよバイクで走るのが楽しくなっていた。京阪神のライブや人に会うために、また独りで岡山、日本海、びわ湖、四国一周など、平野山河海岸など走りに走った。

ある日、四国ソロツーリングの途中、とある道沿いで一服して水を飲んでいると、突然車が止まって男女がどやどやと叫びながら降りてきた。サーファーの一団だ。よく見ると知った顔ばかりだった。紀乃公子がいる、津田展吉がいる……。聞くと高知で波乗りをしての帰りだという。エールを交換して、彼らは東の方へ帰途につき、僕はまたエンジンをかけ、西をめざして別れたのだった。さあ、これからは独りでビレッジプレスをやっていくのだと思いながら。

マイナーかメジャーか

最後にB5判への移行のことを振りかえって少し考えてみる。

「プレイガイドジャーナル」は、僕が創刊号の編集後記で書いたように、アングラ、ミニコミ、マイナーな表現を拾いあげて、必要とする読者に届ける雑誌としてスタートした、文字通りマイナーな雑誌だった。そんな出自をもってはたしてメジャー雑誌の列に並べるようになるだろうか。たとえそれが時代の空気や読者の関心と重なって、部数や広告を急拡大して、規模ではずいぶん大きくなったとしてどうだろうか。確かに一時的に資金的な余裕が生まれ、とにかく事務所マンションを購入するまでにはなった。しかし組織の実態はどうだったのか。

そこには近代的な企業としてのマネジメントは存在しなかった。経営陣、経理総務組織、広告販売部門などはなかった。ただ面白い雑誌をつくり、感動するイベントをつくりあげるのが何よりも好きな若者がいただけだ。アングラの出の僕はエスタブリッシュな社会の動きに背を向けて、独自の集団とその表現の世界を創造しようという志向が強かった。

しかし、そんな連中がなぜメジャーを目ざそうとしたのか。いや、決してそんなことはない。メジャーになろうとは思ってなかった。なりたくなかった。少なくとも僕はそうだ。

B5判への移行にしても、単に形や印刷方法が変わるだけで、ページ数を増やすのと同じで、決してメジャー化ではなかった。物理的・印刷機能的理由でB5判に移行せざるを得なくなっただけだ。

そして破綻した。それはひとえに財政的なことなのだ。まさにB5判にしたことで破綻した。しかし、マイナー雑誌が何をまちがったのかメジャーをめざし、あっけなく破滅してしまったようにもみえる。これが問題だ。

それを要求する組織体質、実態が生まれ育っていたのかどうか。いや、そうでもないと思う。歴代の編集長を思い浮かべても。

一番大きな要素は読者が変わっていったことだろう。当初の数千人は、いわば顔の見える読者だったといえる。その後ふくれあがった数万人の読者の大半はそうではなかった。しかしそうなのか？

村上知彦は、

〔よりレジャー、消費志向の強い誌面で学生層に滲透して、彼らは「メジャーやから「Lマガジン」を選ぶ」という。創刊して10年、読者にとっては「プレイガイドジャーナル」は、若者自身の手でつくられたメディアというより、物心ついた頃からある雑誌なのだ。10万部を誇るメジャー雑誌であり、その中のメジャーらしからぬにおいを敏感にかぎとって、反応しているにすぎない。（要旨）〕（「TBS調査月報」81年5月）と、読者の変化を指摘している。

読者に左右されずに自分たちの出したい雑誌を出すと標榜してきて、実際そうしてきたが、出したい雑誌が、読者と時代とズレてきてしまったのか。

一度創刊した雑誌はその編集方針を変えることは容易ではないとよく言われる。「ニューミュージックマガジン」「話の特集」「宝島」「噂の真相」「ガロ」「新宿プレイマップ」「面白半分」などマイナー系雑誌はとくにそうだ。もしかしたら一代限りの編集長も多い。変えるには新雑誌をはじめる方が早いともいわれた。変われない最大の理由は読者が変わらないからなのだろう。

それでは、「プレイガイドジャーナル」の読者は実際変わったのか。変わったように見えたのか。

また、それを編集が追っかけたのだろうか。しかし追っかけた読者はもう拡散してしまっていたのだろうか。

追いついたとしたら、当然部数増や広告増などになって現れたと思われるが、そうならなかった。そこには編集面で解決できなかった問題があるのだろうか。あるいは読者を見誤ったのか。読者の信頼を壊してしまったのだろうか。

以前にこの問題を秦政明に聞いたこともある。彼はまさにマイナーなレコード会社「URCレコード」を立ち上げた。そして一貫してメジャーに対抗し挑んだ。秦政明は、「メジャーになるつもりは一切なかった。最初からその気持ちはなかった。マイナーが、少し売れたからってメジャーにはなれない。経営組織もそのように作っていないし、メジャーには対応できない」とはっきり言っていた。もちろん、歴史も浅くメジャー産業でしかありえないレコード業界に比べると、数千社がひしめく出版業界はマイナーとメジャーの境界が曖昧だ。

村上知彦が右記を書いたのは81年だが、その後の83年に判型をB5判に拡大したこと、どうやらこの辺りに魔物が潜んでいたように思われてならない。

読者は増えていったが、彼らは変わらずにマイナーな雰囲気を楽しんでいたのだ。しかし判型がB5判に拡大するやメジャーに変化したととらえた、とは考えられないか。それは、マーシャル・マクルーハンの「メディアはメッセージである」にならえば、「判型というメディアを変えればメッセージも変わる」と同じ現象ではないか。

つまり読者は判型の大きくなった雑誌をメジャーの雑誌としてとらえ、そうなればAかBかではなく、ワンノブゼムになってしまい、たちまち漂流しはじめてしまった。

この仮説は正しいのだろうか。判型はマイナー、メジャーを規定するのか。読者に伝える情報を変質させるのか。どうやらマイナー雑誌「プレイガイドジャーナル」の伝える最大の情報・メッセージは「B6判」だったのかもしれないと、いま振りかえって思ったりするが、それももう一瞬よぎる残夢でしかないだろう。

ああ、70年代よ、プレイガイドジャーナルよ、
無謬《むびゅう》な道が何処にある。

あとがき

前著『プレイガイドジャーナルへの道』を書く前、まわりの人からは「プレイガイドジャーナル」の歴史を書くべきだと勧められていた。それを僕の考えで１９６８年の大阪労音事務局と１９６９年の「フォークリポート」編集時代から書きはじめ、この雑誌に関してはとっかかりしかふれられなかった。ここに約束を果たせたことで、ほっとしています。

「プレイガイドジャーナル」の15年間、苦楽をともにしてきた多くの仲間たちに感謝します。30年後の今から見れば、ほんの一瞬のようでもあるし、長い一編の物語のようでもあります。同時代を生きた読者の方々も含めて、往時を振りかえるとき、断章でも思い出していただければ幸いです。

85年以降の「プレイガイドジャーナル」は、小堀純編集長&編集メンバーが強い絆をもって健闘し、86年には誌名を「ぷがじゃ」に改めて撃って出たが、87年12月に全員が退社するにいたったことも記しておきます。

今回も東方出版の稲川博久さんには編集・出版で、また田島典子さんにも引き続き校閲・校正で助けていただきました。ありがとうございました。

カバーの版画は森英二郎さん、装幀は日下潤一さん、またオビ文はつき合いの長い田川律さんが、快く引き受けてくれました。ありがとうございました。

ブルース・スプリングスティーンが「俺は自分のことを勤勉な雇われ職人だと思っている」（２０１６年10月24日　朝日新聞記事）と言っていました。いい言葉です。僕は雇われなかったので「集団のなかの勤勉な職人」です。まさに編集経験と資料収集に努めたことで書き上げることができました。

本誌創刊の年に生まれた娘志野はこの雑誌と成長をともにしたが、雑誌が立ちゆかなくなって、いわば戦場から帰ったような僕を、妻千洋子とこどもで迎えてくれた。そんな家庭があったのは幸いでした。記して感謝します。

◎敬称について◎　僕にとってはとうぜん敬称を付して記すべき方々ばかりですが、敬称を略してお名前を書き進めました。どうかご寛恕ください。

２０１７年３月　　村元　武

村元 武 むらもと・たけし
1943年生まれ。1964〜1969年大阪勤労者音楽評議会（大阪労音）事務局、1969年〜1971年アート音楽出版、1971年〜1985年プレイガイドジャーナル社、1985年〜ビレッジプレス。
この間に、「新音楽」「フォークリポート」「プレイガイドジャーナル」「雲遊天下」の編集や、単行本、CD、コンサートなどのプロデュースに携わった。
著書『プレイガイドジャーナルへの道 1968〜1973 大阪労音—フォークリポート—プレイガイドジャーナル』（東方出版）

プレイガイドジャーナルよ
1971〜1985

2017年4月25日 第1刷発行

著者……………………村元 武
発行者………………稲川博久
発行所………………東方出版株式会社
〒543-0062
大阪市天王寺区逢阪 2-3-2-602
TEL06-6779-9571 FAX06-6779-9573
www.tohoshuppan.co.jp／
印刷所………………モリモト印刷株式会社
ISBN978-4-86249-282-1 C0036